LE
COLLIER
DE LA REINE

PAR

ALEXANDRE DUMAS.

IX

PARIS
ALEXANDRE CADOT, EDITEUR,
32, RUE DE LA HARPE.
—
1850

LE COLLIER DE LA REINE.

Ouvrages de Xavier de Montépin.

Confessions d'un Bohême . . . . 5 vol.
Les Chevaliers du Lansquenet . . . . . 10 vol.
Les Viveurs d'autrefois . . . . 4 vol.
Pivoine . . . . 2 vol.
Les Amours d'un Fou . . . . 4 vol.

Sous presse.

Mignonne.
Le Vicomte de Torcy.
Le Loup noir.
Les Étudiants de Paris.
Les Oiseaux de nuit.
Le Roman de la vie.
Gabriel.
Cyrano de Bergerac.

Ouvrages d'Alexandre Dumas fils.

Tristan le Roux. . . . . 3 vol.
La Dame aux camélias. . . . . 2 vol.
Aventures de quatre femmes . . . . . . 6 vol.
Le docteur Servans . . . . 2 vol.
Le Roman d'une femme . . . . 4 vol.
Césarine . . . . 1 vol.

Sous presse.

Diane de Lys.
Les Amours véritables.

Impr. de E. Dépée, à Sceaux (Seine).

LE
COLLIER
DE LA REINE

PAR

ALEXANDRE DUMAS.

IX

PARIS
ALEXANDRE CADOT, ÉDITEUR,
32, RUE DE LA HARPE.

1850

I

La Nuit.

Ce jour même, il était quatre heures du soir, lorsqu'un homme à cheval s'arrêta sur la lisière du parc, derrière les bains d'Apollon.

Le cavalier faisait une promenade d'agrément, au pas; pensif comme Hippolyte, beau comme lui, sa main laissait flotter les rênes sur le col du coursier.

Il s'arrêta, ainsi que nous l'avons dit, à l'endroit où M. de Rohan depuis trois jours faisait arrêter son cheval. Le sol était, à cet endroit, foulé par les fers, et les arbustes étaient broutés tout à l'entour du chêne au tronc duquel avait été attachée la monture.

Le cavalier mit pied à terre.

— Voici un endroit bien ravagé, dit-il.

Et il approcha du mur.

— Voici des traces d'escalade; voici

une porte récemment ouverte. C'est bien ce que j'avais pensé.

On n'a pas fait la guerre avec les Indiens des savanes sans se connaître en traces de chevaux et d'hommes. Or, depuis quinze jours, M. de Charny est revenu ; depuis quinze jours M. de Charny ne s'est point montré. Voici la porte que M. de Charny a choisie pour entrer dans Versailles.

En disant ces mots, le cavalier soupira bruyamment comme s'il arrachait son âme avec ce soupir.

— Laissons au prochain son bonheur,

murmura-t-il en regardant une à une les éloquentes traces du gazon et des murs. Ce que Dieu donne aux uns, il le refuse aux autres. Ce n'est pas pour rien que Dieu fait des heureux et des malheureux ; sa volonté soit bénie.

— Il faudrait une preuve, cependant. A quel prix, par quel moyen l'acquérir ?

— Oh ! rien de plus simple. Dans les buissons, la nuit, un homme ne saurait être découvert, et, de sa cachette, il verrait ceux qui viennent. Ce soir, je serai dans les buissons.

Le cavalier ramassa les rênes de son

cheval, se remit lentement en selle, et sans presser ni hâter le pas de son cheval, disparut à l'angle du mur.

Quant à Charny, obéissant aux ordres de la reine, il s'était renfermé chez lui, attendant un message de sa part.

La nuit vint, rien ne paraissait. Charny, au lieu de guetter à la fenêtre du pavillon qui donnait sur le parc, guettait dans la même chambre à la fenêtre qui donnait sur la petite rue. La reine avait dit : à la porte de la louveterie ; mais fenêtre et porte dans ce pavillon c'était tout un, au rez-de-chaussée. Le principal était qu'on pût voir tout ce qui arriverait.

Il interrogeait la nuit profonde, espérant d'une minute à l'autre, entendre le galop d'un cheval ou le pas précipité d'un courrier.

Dix heures et demie sonnèrent. Rien. La reine avait joué Charny. Elle avait fait une concession au premier mouvement de surprise. Honteuse, elle avait promis ce qu'il lui était impossible de tenir ; et, chose affreuse à penser, elle avait promis sachant qu'elle ne tiendrait pas.

Charny, avec cette rapide facilité de soupçon qui caractérise les gens violemment épris, se reprochait déjà d'avoir été si crédule.

— Comment ai-je pu, s'écriait-il, moi qui ai vu, croire à des mensonges et sacrifier ma conviction, ma certitude à un stupide espoir ?

Il développait avec rage cette idée funeste, quand le bruit d'une poignée de sable lancée sur les vitres de l'autre fenêtre, attira son attention et le fit courir du côté du parc.

Il vit alors, dans une large mante

noire, en bas, sous la charmille du parc, une figure de femme qui levait vers lui un visage pâle et inquiet.

Il ne put retenir un cri de joie et de regret tout ensemble. La femme qui l'attendait, qui l'appelait, c'était la reine !

D'un bond il s'élança par la fenêtre et vint tomber près de Marie-Antoinette.

— Ah ! vous voilà, Monsieur ? c'est bien heureux ! dit à voix basse la reine tout émue ; que faisiez-vous donc ?

— Vous ! vous ! Madame !... vous-même ! est-il possible ? répliqua Charny en se prosternant.

— Est-ce ainsi que vous attendiez ?

— J'attendais du côté de la rue, Madame.

— Est-ce que je pouvais venir par la rue, voyons ? quand il est si simple de venir par le parc ?

— Je n'eusse osé espérer de vous voir, Madame, dit Charny avec un accent de reconnaissance passionnée.

Elle l'interrompit.

— Ne restons pas ici, dit-elle, il y fait clair ; avez-vous votre épée ?

— Oui.

— Bien !... Par où dites-vous que sont entrés les gens que vous avez vus ?

Par cette porte.

— Et à quelle heure ?

— A minuit chaque fois.

— Il n'y a pas de raison pour qu'ils ne viennent pas cette nuit encore. Vous n'avez parlé à personne ?

— A qui que ce soit.

— Entrons dans le taillis et attendons.

— Oh ! Votre Majesté...

La reine passa devant, et d'un pas asséz prompt fit quelque chemin en sens inverse.

— Vous entendez bien, dit-elle tout-à-coup, comme pour aller au devant de la pensée de Charny, que je ne me suis pas amusée à conter cette affaire au lieutenant de police. Depuis que je me suis plainte, M. de Crosne aurait dû déjà me faire justice. Si la créature qui usurpe mon nom après avoir usurpé ma ressemblance n'a pas encore été arrêtée, si tout ce mystère n'est pas éclairci, vous sentez qu'il y a deux motifs : ou l'incapacité de M. de Crosne, — ce qui n'est rien, — ou sa connivence avec mes ennemis. Or, il me paraît difficile, que chez moi, dans mon parc, on se permette l'ignoble comédie que vous m'avez signalée, sans être sûr d'un appui direct ou d'une tacite complicité. Voilà pourquoi ceux qui s'en sont rendus coupables me paraissent être assez dangereux pour que je ne m'en rapporte qu'à moi-même du soin de les démasquer. Qu'en pensez-vous ?

— Je demande à Votre Majesté la permission de ne plus ouvrir la bouche. Je suis au désespoir ; j'ai encore des craintes et je n'ai plus de soupçons.

— Au moins, vous êtes un honnête

homme, vous, dit vivement la reine; vous savez dire les choses en face; c'est un mérite qui peut blesser quelquefois les innocents quand on se trompe à leur égard; mais une blessure se guérit.

— Oh! Madame, voilà onze heures; je tremble.

— Assurez-vous qu'il n'y a personne ici, dit la reine pour éloigner son compagnon.

Charny obéit. Il courut les taillis jusqu'aux murs.

— Personne, fit-il en revenant.

— Où s'est passée la scène que vous racontiez ?

— Madame, à l'instant même, en revenant de mon exploration, j'ai reçu un coup terrible dans le cœur. Je vous ai aperçue à l'endroit même où ces nuits dernières je vis... la fausse reine de France.

— Ici ! s'écria la reine en s'éloignant avec dégoût de la place qu'elle occupait.

— Sous ce châtaignier, oui, Madame.

— Mais alors, Monsieur, dit Marie-Antoinette, ne restons pas ici, car s'ils y sont venus ils y reviendront.

Charny suivit la reine dans une autre allée. Son cœur battait si fort qu'il craignit de ne pas entendre le bruit de la porte qui allait s'ouvrir.

Elle, silencieuse et fière, attendait que la preuve vivante de son innocence apparût.

Minuit sonna. La porte ne s'ouvrit pas.

Une demi-heure s'écoula pendant laquelle Marie-Antoinette demanda plus de dix fois à Charny si les imposteurs avaient été bien exacts à chacun de leurs rendez-vous.

Trois quarts après minuit sonnèrent à Saint-Louis de Versailles.

La reine frappa du pied avec impatience.

— Vous verrez qu'ils ne viendront pas aujourd'hui, dit-elle ; ces sortes de malheurs n'arrivent qu'à moi !

Et en disant ces mots elle regardait Charny comme pour lui chercher querelle, si elle avait surpris en ses yeux le moindre éclat de triomphe ou d'ironie.

Mais lui, pâlissant à mesure que ses soupçons revenaient, gardait une attitude tellement grave et mélancolique

que certainement son visage reflétait en ce moment la sereine patience des martyrs et des anges.

La reine lui prit le bras et le ramena au châtaignier sous lequel ils avaient fait leur première station.

— Vous dites, murmura-t-elle, que c'est ici que vous avez vu.

— Ici même, Madame.

— Ici, que la femme a donné une rose à l'homme?

— Oui, Votre Majesté.

Et la reine était si faible, si fatiguée

du long séjour fait dans ce parc humide, qu'elle s'adossa au tronc de l'arbre, et pencha sa tête sur sa poitrine.

Insensiblement, ses jambes fléchirent; Charny ne lui donnait pas le bras, elle tomba plutôt qu'elle ne s'assit sur l'herbe et la mousse.

Lui, demeurait immobile et sombre.

Elle appuya ses deux mains sur son visage, et Charny ne put voir une larme de cette reine glisser entre ses doigts longs et blancs.

Soudain, relevant sa tête :

— Monsieur, dit-elle, vous avez raison ; je suis condamnée. J'avais promis de prouver aujourd'hui que vous m'aviez calomniée : Dieu ne le veut pas, je m'incline.

— Madame... murmura Charny.

— J'ai fait, continua-t-elle, ce qu'aucune femme n'eût fait à ma place. Je ne parle pas des reines. Oh! Monsieur, qu'est-ce qu'une reine, quand elle ne peut régner même sur un cœur! Qu'est-ce qu'une reine, quand elle n'obtient pas même l'estime d'un honnête homme? Voyons, Monsieur, aidez-moi au moins à me relever, pour que je parte ; ne me méprisez pas au point de me refuser votre main.

Charny se précipita comme un insensé à ses genoux.

— Madame, dit-il en frappant son front sur la terre, si je n'étais un malheureux qui vous aime, vous me pardonneriez, n'est-ce pas ?

— Vous ! s'écria la reine avec un rire amer ; vous ! vous m'aimez, et vous me croyez infâme !...

— Oh !... Madame.

— Vous !... vous, qui devriez avoir

une mémoire, vous m'accusez d'avoir donné une fleur ici, là-bas, un baiser, là-bas, mon amour à un autre homme... Monsieur, pas de mensonge, vous ne m'aimez pas !

— Madame, ce fantôme était là, ce fantôme de reine amoureuse. Là aussi où je suis, était le fantôme de l'amant. Arrachez-moi le cœur, puisque ces deux infernales images vivent dans mon cœur et le dévorent.

Elle lui prit la main et l'attira vers elle avec un geste exalté.

— Vous avez vu !... vous avez entendu...

C'était bien moi, n'est-ce pas? dit-elle d'une voix étouffée... Oh! c'était moi, ne cherchez pas autre chose. Eh bien! si à cette même place, sous ce même châtaignier, assise comme j'étais, vous à mes pieds comme était l'autre, si je vous serre les mains, si je vous approche de ma poitrine, si je vous prends dans mes bras, si je vous dis : Moi qui ai fait tout cela à l'autre, n'est-ce pas? moi qui ai dit la même chose à l'autre, n'est-ce pas? Si je vous dis : Monsieur de Charny, je n'aimais, je n'aime, je n'aimerai qu'un être au monde... et c'est vous!... Mon Dieu! mon Dieu! cela suffira-t-il pour vous convaincre qu'on n'est pas une infâme quand on a dans le cœur, avec le sang des impératrices, le feu divin d'un amour comme celui-là?

Charny poussa un gémissement pareil à celui d'un homme qui expire. La reine en lui parlant l'avait enivré de son souffle; il l'avait sentie parler, sa main avait brûlé son épaule, sa poitrine avait brûlé son cœur, l'haleine avait dévoré ses lèvres.

— Laissez-moi remercier Dieu, murmura-t-il. — Oh! si je ne pensais à Dieu, je penserais trop à vous.

Elle se leva lentement; elle arrêta sur

lui deux yeux dont les pleurs noyaient la flamme.

— Voulez-vous ma vie ? dit-il éperdu.

Elle se tut un moment sans cesser de le regarder.

— Donnez-moi votre bras, dit-elle, et menez-moi partout où les autres sont allés. D'abord ici, — ici où fut donnée une rose...

Elle tira de sa robe une rose chaude encore du feu qui avait brûlé sa poitrine.

— Prenez ! dit-elle.

Il respira l'odeur embaumée de la

fleur, et la serra dans sa poitrine.

— Ici, reprit-elle, *l'autre* a donné sa main à baiser ?

— Ses deux mains ! dit Charny chancelant et ivre au moment où son visage se trouva enfermé dans les mains brûlantes de la reine.

— Voilà une place purifiée, dit la reine avec un adorable sourire. Maintenant, ne sont-ils pas allés aux bains d'Apollon ?

Charny, comme si le ciel fût tombé sur sa tête, s'arrêta stupéfait, à demi-mort.

— C'est un endroit, dit gaîment la

reine, où jamais je n'entre que le jour. Allons voir ensemble la porte par où s'enfuyait cet amant de la reine.

Joyeuse, légère, suspendue au bras de l'homme le plus heureux que Dieu eût jamais béni, elle traversa presqu'en courant les pelouses qui séparaient le taillis du mur de ronde. Ils arrivèrent ainsi à la porte derrière laquelle se voyaient les traces des pieds de chevaux.

— C'est ici, au dehors, dit Charny.

J'ai toutes les clés, répondit la reine. Ouvrez, monsieur de Charny ; instruisons-nous.

Ils sortirent et se penchèrent pour voir : la lune sortit d'un nuage comme pour les aider dans leurs investigations.

Le blanc rayon s'attacha tendrement au beau visage de la reine, qui s'appuyait sur le bras de Charny en écoutant et en regardant les buissons d'alentour.

Lorsqu'elle se fut bien convaincue, elle fit rentrer le gentilhomme, en l'attirant à elle par une douce pression.

La porte se referma sur eux.

Deux heures sonnaient.

— Adieu, dit-elle. Rentrez chez vous. A demain.

Elle lui serra la main, et, sans un mot de plus, s'éloigna rapidement sous les charmilles, dans la direction du château.

Au delà de cette porte, qu'ils venaient de refermer, un homme se leva du milieu des buissons, et disparut dans les bois qui bordent la route.

Cet homme emportait, en s'en allant, le secret de la reine.

II

Le Congé.

La reine sortit le lendemain toute souriante et toute belle pour aller à la messe.

Ses gardes avaient ordre de laisser venir à elle tout le monde. C'était un dimanche, et Sa Majesté s'éveillant avait dit :

— Voilà un beau jour ; il fait bon vivre aujourd'hui.

Elle parut respirer avec plus de plaisir qu'à l'ordinaire le parfum de ses fleurs favorites ; elle se montra plus magnifique dans les dons qu'elle accorda ; elle s'empressa davantage d'aller mettre son âme auprès de Dieu.

Elle entendit la messe sans une distraction. Elle n'avait jamais courbé si bas sa tête majestueuse.

Tandis qu'elle priait avec ferveur, la foule s'amassait comme les autres dimanches sur le passage des appartements à la chapelle, et les degrés mêmes des escaliers étaient remplis de gentilshommes et de dames.

Parmi ces dernières brillait modestement, mais élégamment vêtue, Madame de La Mothe.

Et dans la haie double, formée par les gentilshommes, on voyait à droite M. de Charny, complimenté par beaucoup de ses amis sur sa guérison, sur son retour, et surtout sur son visage radieux.

La faveur est un subtil parfum, elle se divise avec une telle facilité dans l'air, que bien longtemps avant l'ouverture de la cassolette l'arôme est défini, reconnu et apprécié par les connaisseurs. Olivier n'était ami de la reine que depuis six heures, mais déjà tout le monde se disait l'ami d'Olivier.

Tandis qu'il acceptait toutes ces félicitations avec la bonne mine d'un homme véritablement heureux, et que pour lui témoigner plus d'honneur et plus d'amitié, toute la gauche de la haie passait à droite. Olivier, forcé de laisser courir ses regards sur le groupe qui s'éparpillait autour de lui, aperçut seule, en face, une figure dont la sombre pâleur et l'immobilité le frappèrent au milieu de son énivrement.

Il reconnut Philippe de Taverney serré dans son uniforme et la main sur la poignée de son épée.

Depuis les visites de politesse faites par ce dernier à l'antichambre de son adversaire après leur duel, depuis la séquestration de Charny par le docteur Louis, aucune relation n'avait existé entre les deux rivaux.

Charny, en voyant Philippe qui le regardait tranquillement, sans bienveillance ni menace, commença par un salut que Philippe lui rendit de loin.

Puis, fendant avec sa main le groupe qui l'entourait :

— Pardon, Messieurs, dit Olivier; mais laissez-moi remplir un devoir de politesse.

Et traversant l'espace compris entre la haie de droite et la haie de gauche, il vint droit à Philippe qui ne bougeait pas.

— Monsieur de Taverney, dit-il en le saluant avec plus de civilité que la première fois, je devais vous remercier de l'intérêt que vous avez bien voulu prendre à ma santé, mais j'arrive seulement depuis hier.

Philippe rougit et le regarda, puis il baissa les yeux.

— J'aurai l'honneur, Monsieur, continua Charny, de vous rendre visite dès demain et j'espère que vous ne m'aurez pas gardé rancune.

— Nullement, Monsieur, répliqua Philippe.

Charny allait tendre sa main pour que Philippe y déposât la sienne, lorsque le tambour annonça l'arrivée de la reine.

— Voici la reine, Monsieur, dit lentement Philippe, sans avoir répondu au geste amical de Charny.

Et il ponctua cette phrase par une révérence plus mélancolique que froide.

Charny, un peu surpris, se hâta de rejoindre ses amis dans la haie à droite.

Philippe demeura, de son côté, comme s'il eût été en faction.

La reine approchait, on la vit sourire à plusieurs, prendre ou faire prendre des placets, car de loin elle avait aperçu Charny, et ne le quittant pas du regard avec cette téméraire bravoure qu'elle mettait dans ses amitiés, et que ses ennemis appelaient de l'impudeur, elle prononça tout haut ces paroles :

— Demandez aujourd'hui, Messieurs, demandez, je ne saurais rien refuser aujourd'hui.

Charny fut pénétré jusqu'au fond du cœur par l'accent et par le sens de ces mots magiques. Il tressaillit de plaisir, ce fut là son remerciement à la reine.

Soudain celle-ci fut tirée de sa douce mais dangereuse contemplation par le bruit d'un pas, par le son d'une voix étrangère.

Le pas criait à sa gauche sur la dalle, la voix émue, mais grave, disait :

— Madame !...

La reine aperçut Philippe ; elle ne put réprimer un premier mouvement de surprise en se voyant placée entre ces deux hommes dont elle se reprochait peut-être d'aimer trop l'un et pas assez l'autre.

— Vous ! monsieur de Taverney, s'écria-t-elle en se remettant ; vous ! vous avez quelque chose à me demander ? Oh ! parlez.

— Dix minutes d'audience au loisir de

Votre Majesté, dit Philippe en s'inclinant sans avoir désarmé la sévère pâleur de son front.

— A l'instant même, Monsieur, répliqua la reine en jetant un regard furtif sur Charny qu'elle redoutait involontairement de voir si près de son ancien adversaire; suivez-moi.

Et elle passa plus rapidement lorsqu'elle entendit le pas de Philippe derrière le sien, et eut laissé Charny à sa place.

Elle continua cependant de faire sa moisson de lettres, de placets et de suppliques, donna quelques ordres et rentra chez elle.

Un quart d'heure après, Philippe était introduit dans la bibliothèque où Sa Majesté recevait le dimanche.

— Ah! Monsieur de Taverney, entrez, dit-elle en prenant le ton enjoué, entrez et faites-moi de suite bon visage. Il faut vous le confesser, j'ai une inquiétude chaque fois qu'un Taverney désire me parler. Vous êtes de mauvais augure, dans votre famille. Rassurez-moi vîte, Monsieur de Taverney, en me disant que vous ne venez pas m'annoncer un malheur.

Philippe, plus pâle encore après ce préambule qu'il ne l'avait été pendant la scène avec Charny, se contenta de répliquer, voyant combien la reine mettait peu d'affection dans son langage :

— Madame, j'ai l'honneur d'affirmer à Votre Majesté que je ne lui apporte cette fois qu'une bonne nouvelle.

— Ah! c'est une nouvelle! dit la reine.

— Hélas! oui, Votre Majesté.

— Ah! mon Dieu! répliqua-t-elle en reprenant cet air gai qui rendait Philippe si malheureux, voilà que vous avez dit hélas! Pauvre que je suis! dirait un

Espagnol. M. de Taverney a dit hélas !

— Madame, reprit gravement Philippe, deux mots vont rassurer si pleinement Votre Majesté, que non seulement son noble front ne se voilera pas aujourd'hui à l'approche d'un Taverney, mais ne se voilera jamais par la faute d'un Taverney Maison-Rouge. A dater d'aujourd'hui, Madame, le dernier de cette famille à qui Votre Majesté avait daigné accorder quelque faveur va disparaître pour ne plus revenir à la cour de France.

La reine, quittant soudain l'air enjoué qu'elle avait pris comme ressource contre les émotions présumées de cette entrevue :

— Vous partez ! s'écria-t-elle.

— Oui, Votre Majesté.

— Vous... aussi !

Philippe s'inclina.

— Ma sœur, Madame, a déjà eu le regret de quitter Votre Majesté, dit-il ; moi, j'étais bien autrement inutile à la reine, et je pars.

La reine s'assit toute troublée en réfléchissant qu'Andrée avait demandé ce congé éternel le lendemain d'une entrevue chez Louis, où M. de Charny avait eu le premier indice de la sympathie qu'on ressentait pour lui.

— Etrange! murmura-t-elle rêveuse, et elle n'ajouta plus un mot.

Philippe restait debout comme une statue de marbre, attendant le geste qui congédie.

La reine sortant tout à coup de sa léthargie.

— Où allez-vous? dit-elle.

Je veux aller rejoindre M. de Lapeyrouse, dit Philippe.

— M. de Lapeyrouse est à Terre-Neuve en ce moment.

— J'ai tout préparé pour le rejoindre.

— Vous savez qu'on lui prédit une mort affreuse?

— Affreuse, je ne sais, dit Philippe, mais prompte, je le sais.

— Et vous partez?

Il sourit avec sa beauté si noble et si douce.

— C'est pour cela que je veux aller rejoindre Lapeyrouse, dit-il.

La reine retomba encore une fois dans son inquiet silence.

Philippe, encore une fois, attendit respectueusement.

Cette nature, si noble et si brave de Marie-Antoinette, se réveilla plus téméraire que jamais.

Elle se leva.... s'approcha du jeune homme et lui dit en croisant ses bras blancs sur sa poitrine :

— Pourquoi partez-vous ?

— Parce que je suis très curieux de voyager, répondit-il doucement.

— Mais vous avez déjà fait le tour du monde, reprit la reine, dupe un instant de ce calme héroïque.

— Du nouveau monde, oui, Madame,

continua Philippe, mais pas de l'ancien et du nouveau ensemble.

La reine fit un geste de dépit et répéta ce qu'elle avait dit à Andrée.

— Race de fer, cœurs d'acier que ces Taverney. Votre sœur et vous, vous êtes deux terribles gens, des amis qu'on finit par haïr. Vous partez, non pas pour voyager, vous en êtes las, mais pour me quitter. Votre sœur était, disait-elle, appelée par la religion, elle cache un cœur de feu sous de la cendre. Enfin elle a voulu partir, elle est partie. Dieu la fasse heureuse. Vous; vous qui pourriez être heureux; vous, vous voilà parti aussi. Quand je vous disais tout à l'heure que les Taverney me portent malheur !

— Epargnez-nous, Madame ; si Votre Majesté daignait chercher mieux dans nos cœurs, elle n'y verrait qu'un dévoûment sans limites.

— Ecoutez ! s'écria la reine avec colère, vous êtes, vous, un quaker, elle, une philosophe, des créatures impossibles ; elle se figure le monde comme un paradis, où l'on n'entre qu'à la condition d'être des saints ; vous, vous prenez le monde pour l'enfer, où n'entrent que des diables ; et tous deux vous avez fui le monde : l'un, parce que vous y trouvez ce que vous ne cherchez pas ; l'autre, parce que vous n'y trouvez pas ce que vous cherchez. — Ai-je raison ? Eh ! mon cher monsieur de Taverney, laissez les humains être imparfaits, ne demandez aux familles royales que d'être les moins imparfaites des races humaines : soyez tolérant, ou plutôt ne soyez pas égoïste.

Elle accentua ces mots avec trop de passion. Philippe eut l'avantage.

—Madame, dit-il, l'égoïsme est une vertu, quand on s'en sert pour rehausser ses adorations.

Elle rougit.

— Tout ce que je sais, dit-elle, c'est que j'aimais Andrée, et qu'elle m'a quittée. C'est que je tenais à vous, et que vous me quittez. Il est humiliant pour moi de voir deux personnes aussi parfaites, je ne plaisante pas, Monsieur, abandonner ma maison.

— Rien ne peut humilier une personne auguste comme vous, Madame, dit froidement Taverney; la honte n'atteint pas des fronts élevés comme est le vôtre.

— Je cherche avec attention, poursuivit la reine, quelle chose a pu vous blesser.

— Rien ne m'a blessé, Madame, reprit vivement Philippe.

— Votre grade a été confirmé; votre fortune est en bon train; je vous distinguais...

— Je répète à Votre Majesté que rien ne me plaît à la cour.

— Et si je vous disais de rester...; si je vous l'ordonnais...?

— J'aurais la douleur de répondre par un refus à Votre Majesté.

La reine, une troisième fois, se plongea dans cette silencieuse réserve qui était à sa logique ce que l'action de rompre est au ferrailleur fatigué.

Et comme elle sortait toujours de ce repos par un coup d'éclat :

— Il y a peut-être quelqu'un qui vous déplaît ici? Vous êtes ombrageux, dit-elle en attachant son regard clair sur Philippe.

— Personne ne me déplaît.

— Je vous croyais mal... avec un gentilhomme... M. de Charny... que vous avez blessé en duel.... fit la reine en s'animant par degrés. Et comme il est simple que l'on fuie les gens qu'on n'aime pas, dès que vous avez vu M. de Charny revenu, vous auriez désiré quitter la cour.

Philippe ne répondit rien.

La reine, se trompant sur le compte de cet homme si loyal et si brave, crut n'avoir affaire qu'à un jaloux ordinaire. Elle le poursuivit sans ménagement.

— Vous savez d'aujourd'hui seulement, continua-t-elle, que M. de Charny est de retour. Je dis d'aujourd'hui ! et c'est aujourd'hui que vous me demandez votre congé ?

Philippe devint plus livide que pâle.

Ainsi attaqué, ainsi foulé aux pieds, il se releva cruellement.

— Madame, dit-il, c'est seulement d'aujourd'hui que je sais le retour de M. de Charny, c'est vrai; seulement il y a plus longtemps que Votre Majesté ne pense, car j'ai rencontré M. de Charny vers deux heures du matin à la porte du parc correspondante aux bains d'Apollon.

La reine pâlit à son tour; et, après avoir regardé avec une admiration mêlée de terreur la parfaite courtoisie que le gentilhomme conservait dans sa colère :

— Bien, murmura-t-elle d'une voix

éteinte ; allez, Monsieur, je ne vous retiens plus.

Philippe salua pour la dernière fois et partit à pas lents.

La reine tomba foudroyée sur son fauteuil en disant :

— France ! pays des nobles cœurs !

III

La jalousie du cardinal.

Cependant le cardinal avait vu se succéder trois nuits bien différentes de celles que son imagination faisait revivre sans cesse.

Pas de nouvelles de personne, pas l'espoir d'une visite. Ce silence mortel après l'agitation de la passion, c'était l'obscurité d'une cave après la joyeuse lumière du soleil.

Le cardinal s'était bercé d'abord de l'espoir que son amante, femme avant d'être reine, voudrait connaître de quelle nature était l'amour qu'on lui témoignait, et, si elle plaisait après l'épreuve comme avant. Sentiment tout à fait masculin, dont la matérialité devint une arme à deux tranchants qui blessa bien douloureusement le cardinal lorsqu'elle se retourna contre lui.

En effet, ne voyant rien venir, et n'entendant que le silence, comme dit M. Delille, il craignit, l'infortuné, que cette épreuve ne lui eût été défavorable à lui-même. De là, une angoisse, une terreur, une inquiétude dont on ne peut avoir d'idée, si l'on n'a souffert de ces névralgies générales, qui font de chaque fibre aboutissant au cerveau un serpent de feu, qui se tord ou se détend par sa propre volonté.

Ce malaise devint insupportable au cardinal; il envoya dix fois en une demi-journée au domicile de Madame de La Mothe, dix fois à Versailles.

Le dixième courrier lui ramena enfin Jeanne, qui surveillait là-bas Charny et la reine, et s'applaudissait intérieurement de cette impatience du cardinal, à laquelle bientôt elle devrait le succès de son entreprise.

Le cardinal, en la voyant, éclata.

—Comment, dit-il, vous vivez avec cette tranquillité! Comment! vous me savez au supplice, et vous, qui vous dites mon amie, vous laissez ce supplice aller jusqu'à la mort!

— Eh! Monseigneur, répliqua Jeanne, patience, s'il vous plaît. Ce que je faisais à Versailles, loin de vous, est bien plus utile que ce que vous faisiez ici en me désirant.

— On n'est pas cruelle à ce point, dit Son Excellence, radoucie par l'espoir d'obtenir des nouvelles. Voyons, que dit-on, que fait-on là-bas?

— L'absence est un mal douloureux, soit qu'on en souffre à Paris, soit qu'on le subisse à Versailles.

— Voilà ce qui me charme et je vous en remercie; mais...

— Mais?

— Des preuves!

— Ah! bon Dieu, s'écria Jeanne, que dites-vous là, Monseigneur! des preu-

ves! Qu'est-ce que ce mot? Des preuves!.
Etes-vous dans votre bon sens, Monseigneur, pour aller demander à une femme des preuves de ses fautes ?

— Je ne demande pas une pièce pour un procès, comtesse ; je demande un gage d'amour.

Il me semble, fit-elle après avoir regardé Son Excellence d'une certaine façon, que vous devenez bien exigeant, sinon bien oublieux.

— Oh! je sais ce que vous allez me dire, — je sais que je devrais me tenir fort satisfait, — fort honoré ; — mais prenez mon cœur par le vôtre, comtesse.

— Comment accepteriez-vous d'être ainsi jeté de côté après avoir eu les apparences de la faveur?

— Vous avez dit les apparences, je crois? répliqua Jeanne du même ton railleur.

— Oh! il est certain que vous pouvez me battre avec impunité, comtesse; il est certain que rien ne m'autorise à me plaindre; mais je me plains....

— Alors, Monseigneur, je ne puis être responsable de votre mécontentement, s'il n'a que des causes frivoles ou s'il n'a pas de cause dutout.

— Comtesse, vous me traitez mal.

— Monseigneur, je répète vos paroles. Je suis votre discussion.

— Inspirez-vous de vous, au lieu de me reprocher mes folies; aidez-moi au lieu de me tourmenter.

— Je ne puis vous aider là où je ne vois rien à faire.

— Vous ne voyez rien à faire? dit le cardinal en appuyant sur chaque mot.

— Rien.

Eh bien! a dame, dit M. de Rohan avec véhémence, tout le monde ne dit peut-être pas la même chose que vous.

— Hélas! Monseigneur, nous voici arrivés à la colère, et nous ne nous comprenons plus. Votre Excellence me pardonnera de lui faire observer.

— En colère! oui... Votre mauvaise volonté m'y pousse, comtesse.

— Et vous ne calculez pas si c'est de l'injustice?

— Oh! non pas! Si vous ne me servez plus, c'est parce que vous ne pouvez faire autrement, je le vois bien.

— Vous me jugez bien ; pourquoi alors m'accuser ?

— Parce que vous devriez me dire toute la vérité, Madame.

— La vérité ! je vous ai dit celle que je sais.

— Vous ne me dites pas que la reine est une perfide, qu'elle est une coquette, qu'elle pousse les gens à l'adorer, et qu'elle les désespère après.

Jeanne le regarda d'un air surpris.

— Expliquez-vous, dit-elle en tremblant, non de peur, mais de joie.

En effet, elle venait d'entrevoir dans la jalousie du cardinal une issue que la circonstance ne lui eût peut-être pas donnée pour sortir d'une aussi difficile position.

— Avouez-moi, continua le cardinal, qui ne calculait plus avec sa passion, avouez, je vous en supplie, que la reine refuse de me voir.

— Je ne dis pas cela, Monseigneur.

— Avouez que si elle ne me repousse pas de son plein gré, ce que j'espère encore, elle m'évince pour ne pas alarmer quelqu'autre amant, à qui mes assiduités auront donné l'éveil.

— Ah ! Monseigneur, s'écria Jeanne d'un ton si merveilleusement mielleux, qu'elle laissait soupçonner bien plus encore qu'elle ne voulait déguiser.

— Ecoutez-moi, reprit M. de Rohan, la dernière fois que j'ai vu Sa Majesté, je crois avoir entendu marcher dans le massif.

— Folie.

— Et je dirai tout ce que je soupçonne.

— Ne dites pas un mot de plus, Monseigneur, vous offensez la reine; et, d'ailleurs, s'il était vrai qu'elle fût assez malheureuse pour craindre la surveillance d'un amant, ce que je ne crois pas, seriez-vous assez injuste pour lui faire un crime du passé qu'elle vous sacrifie?

— Le passé! le passé! Voilà un grand mot; mais qui tombe, comtesse, si ce passé est encore le présent et doit être le futur?

— Fi! Monseigneur; vous me parlez comme à un courtier qu'on accuserait d'avoir procuré une mauvaise affaire. Vos soupçons, Monseigneur, sont tellement blessants pour la reine, qu'ils finissent par l'être pour moi.

— Alors ! comtesse, prouvez-moi...

— Ah ! Monseigneur, si vous répétez ce mot-là, je prendrai l'injure pour mon compte.

— Enfin !... m'aime-t-elle un peu ?

— Mais il y a une chose bien simple ? Monseigneur, répliqua Jeanne, en montrant au cardinal sa table et tout ce qu'il fallait pour écrire. Mettez-vous là et demandez-le lui à elle-même.

Le cardinal saisit avec transport la main de Jeanne :

— Vous lui remettrez ce billet? dit-il.

— Si je ne le lui remettais, qui donc s'en chargerait?

— Et... vous me promettez une réponse?

— Si vous n'aviez pas de réponse, comment sauriez-vous à quoi vous en tenir?

Oh! à la bonne heure, voilà comme je vous aime, comtesse.

— N'est-ce pas, fit-elle avec son fin sourire.

Il s'assit, prit la plume et commença

un billet. Il avait la plume éloquente M. de Rohan, la lettre facile; cependant il déchira dix feuilles avant de se plaire à lui-même.

— Si vous allez toujours de ce train, dit Jeanne, vous n'arriverez jamais.

— C'est que, voyez-vous, comtesse, je me défie de ma tendresse; elle déborde malgré moi; elle fatiguerait peut-être la reine.

— Ah! fit Jeanne avec ironie, si vous lui écrivez en homme politique, elle vous répondra un billet de diplomate. Cela vous regarde.

— Vous avez raison et vous êtes une vraie femme, cœur et esprit. Tenez, comtesse, pourquoi aurions-nous un secret pour vous qui avez le nôtre?

Elle sourit.

— Le fait est, dit-elle, que vous n'avez que peu de chose à me cacher.

— Lisez par-dessus mon épaule, lisez aussi vite que j'écrirai, si c'est possible; car mon cœur est brûlant, ma plume va dévorer le papier.

Il écrivit, en effet; il écrivit une lettre tellement ardente, tellement folle, tellement pleine de reproches amoureux et de compromettantes protestations que lorsqu'il eut fini, Jeanne, qui suivait sa pensée jusqu'à sa signature, se dit à elle-même :

— Il vient d'écrire ce que je n'eusse osé lui dicter.

Le cardinal relut et dit à Jeanne.

— Est-ce bien ainsi ?

— Si elle vous aime, répliqua la traîtresse, vous le verrez demain ; maintenant tenez-vous en repos.

— Jusqu'à demain, oui..

— Je n'en demande pas plus, Monseigneur.

Elle prit le billet cacheté, se laissa embrasser sur les yeux par Monseigneur, et rentra chez elle vers le soir.

Là, déshabillée, rafraîchie, elle se mit à songer.

La situation était telle que depuis le début elle se l'était promise à elle-même.

Encore deux pas, elle touchait le but.

Lequel des deux valait-il mieux choisir pour bouclier : De la reine ou du cardinal ?

Cette lettre du cardinal le mettait dans l'impossibilité d'accuser jamais Madame de La Mothe, le jour où elle le forcerait de rembourser les sommes dues pour le collier.

En admettant que le cardinal et la reine se vissent pour s'entendre, comment oseraient-ils perdre Madame de La Mothe, dépositaire d'un secret aussi scandaleux ?

La reine ne ferait pas d'éclat, et croirait à la haine du cardinal; le cardinal croirait à la coquetterie de la reine ; mais le débat, s'il y en avait, aurait lieu à huis-clos, et Madame de La Mothe seulement soupçonnée prendrait ce prétexte pour s'expatrier en réalisant la belle somme d'un million et demi.

Le cardinal saurait bien que Jeanne avait pris ces diamants, la reine le devinerait bien ; mais à quoi leur servirait d'ébruiter une alerte si étroitement liée à celle du parc et des bains d'Apollon ?

Seulement, ce n'était pas assez d'une lettre pour établir tout ce système de défense. Le cardinal avait de bonnes plumes, il écrirait sept à huit fois encore.

Quant à la reine, qui sait si, dans ce moment même, elle ne forgeait pas, avec M. de Charny, des armes pour Jeanne de La Mothe !

Tant de trouble et de détours aboutissaient, comme pis-aller, à une fuite, et Jeanne échaffaudait d'avance ses degrés.

D'abord l'échéance, dénonciation des joailliers. La reine allait droit à M. de Rohan.

Comment?

Par l'entremise de Jeanne, cela était inévitable. Jeanne prévenait le cardinal et l'invitait à payer. S'il s'y refusait, menace de publier les lettres ; il payait.

Le paiement fait, plus de péril. Quant à l'éclat public, restait à vider la question d'intrigue. Sur ce point, satisfaction absolue. L'honneur d'une reine et d'un prince de l'Eglise, au prix d'un million et demi, c'était trop bon marché. Jeanne croyait être sûre d'en avoir trois millions quand elle voudrait.

Et pourquoi Jeanne était-elle sûre de son fait quant à la question d'intrigue ?

C'est que le cardinal avait la conviction d'avoir vu trois nuits de suite la reine dans les bosquets de Versailles — et que nulle puissance au monde ne prouverait au cardinal qu'il s'était trompé. — C'est qu'une seule preuve existait de la supercherie, une preuve vivante, irrécusable, et que cette preuve, Jeanne allait la faire disparaître du débat.

Arrivée à ce point de sa méditation, elle s'approcha de la fenêtre, et vit Oliva tout inquiète, toute curieuse à son balcon.

— A nous deux, pensa Jeanne, en saluant tendrement sa complice.

La comtesse fit à Oliva le signe convenu pour qu'elle descendît le soir.

Toute joyeuse après avoir reçu cette

communication officielle, Oliva rentra dans sa chambre; Jeanne reprit ses méditations.

Briser l'instrument quand il ne peut plus servir, c'est l'habitude de tous les gens d'intrigue; seulement, la plupart échouent, soit en brisant cet instrument de manière à lui faire pousser un gémissement qui trahit le secret, soit en le brisant assez incomplètement pour qu'il puisse servir à d'autres.

Jeanne pensa que la petite Oliva, tout au plaisir de vivre, ne se laisserait pas briser comme il le faudrait, sans pousser une plainte.

Il était nécessaire d'imaginer pour elle une fable qui la décidât à fuir ; une autre, qui lui permît de fuir très volontiers.

Les difficultés surgissaient à chaque pas ; mais certains esprits trouvent à résoudre les difficultés autant de plaisir que certains autres à fouler des roses.

Oliva, si fort charmée qu'elle fût de la société de sa nouvelle amie, n'était charmée que relativement, c'est à dire qu'entrevoyant cette liaison au travers des vitres de sa prison, elle la trouvait délicieuse. Mais la sincère Nicole ne dissimulait pas à son amie qu'elle eût mieux aimé le grand jour, les promenades au soleil, toutes les réalités enfin de la vie, que ces promenades nocturnes et cette fictive royauté.

Les à peu près de la vie, c'étaient Jeanne, ses caresses et son intimité ; la réalité de la vie, c'étaient de l'argent et Beausire.

Jeanne, qui avait étudié à fond cette théorie, se promit de l'appliquer à la première occasion.

En se résumant, elle donna pour thème à son entretien avec Nicole la nécessité de faire disparaître absolument la preuve des supercheries criminelles commises dans le parc de Versailles.

La nuit vint, Oliva descendit. Jeanne l'attendait à la porte.

Toutes deux remontant la rue Saint-Claude jusqu'au boulevard désert, allèrent gagner leur voiture, qui, pour mieux les laisser causer, marchait au pas dans le chemin qui va circulairement à Vincennes.

Nicole, bien déguisée dans une robe simple et sous une ample calèche, Jeanne vêtue en grisette, nul ne les pouvaient reconnaître. Il eût fallu d'ailleurs pour cela plonger dans le carrosse, et la police seule avait ce droit. Rien n'avait encore donné l'éveil à la police.

En outre, cette voiture, au lieu d'être un carrosse uni, portait sur ses panneaux les armes de Valois, respectables sentinelles dont aucune violence d'agent n'aurait osé forcer la consigne.

Oliva commença par couvrir de baisers Jeanne, qui les lui rendit avec usure.

— Oh! que je me suis ennuyée, s'écria Oliva, je vous cherchais, je vous invoquais.

— Impossible, mon amie, de vous venir voir, j'eusse couru alors et vous eusse fait courir un trop grand danger.

— Comment cela, dit Nicole étonnée.

— Un danger terrible, chère petite, et dont je frémis encore.

— Oh! contez cela bien vite?

— Vous savez que vous avez ici beaucoup d'ennui.

— Oui, hélas !

— Et que pour vous distraire vous aviez désiré sortir.

— Ce à quoi vous m'avez aidée si amicalement.

— Vous savez aussi que je vous avais parlé de cet officier du gobelet, un peu fou, mais très aimable, qui est amoureux de la reine, à qui vous ressemblez un peu.

— Oui, je le sais.

— J'ai eu la faiblesse de vous proposer un divertissement innocent qui consistait à nous amuser du pauvre garçon, et à le mystifier en lui faisant croire à un caprice de la reine pour lui.

— Hélas! soupira Oliva.

— Je ne vous rappellerai pas les deux premières promenades que nous fîmes la nuit, dans le jardin de Versailles, en compagnie de ce pauvre garçon.

Oliva soupira encore.

—De ces deux nuits pendant lesquelles vous avez si bien joué votre petit rôle, que notre amant a pris la chose au sérieux.

— C'était peut-être mal, dit Oliva bien bas ; car, en effet, nous le trompions, et il ne le mérite pas ; c'est un bien charmant cavalier.

— N'est-ce pas?

— Oh! oui.

— Mais attendez, le mal n'est pas encore là. Lui avoir donné une rose, vous être laissé appeler Majesté, avoir donné vos mains à baiser, ce sont là des espiègleries... Mais... ma petite Oliva, il paraît que ce n'est pas tout.

Oliva rougit si fort que, sans la nuit profonde, Jeanne eût été forcée de s'en apercevoir. Il est vrai qu'en femme d'esprit elle regardait le chemin et non pas sa compagne.

— Comment... balbutia Nicole. En quoi... n'est-ce pas tout?

— Il y a eu une troisième entrevue, dit Jeanne.

— Oui, fit Oliva en hésitant; vous le savez, puisque vous y étiez.

— Pardon, chère amie, j'étais, comme toujours, à distance, guettant ou faisant semblant de guetter pour donner plus de vérité à votre rôle. Je n'ai donc pas vu ni entendu ce qui s'est passé dans cette grotte. Je ne sais que ce que vous m'en avez raconté. Or, vous m'avez raconté, en revenant, que vous vous étiez promenée, que vous aviez causé, que les roses et les mains baisées avaient continué leur jeu. Moi, je crois tout ce qu'on me dit, chère petite.

— Eh bien!... mais.... fit en tremblant Oliva.

— Eh bien! ma toute aimable, il paraît que notre fou en dit plus que la prétendue reine ne lui en a accordé.

— Quoi?

— Il paraît qu'enivré, étourdi, éperdu, il s'est vanté d'avoir obtenu de la reine une preuve irrécusable d'amour partagé. Ce pauvre diable est fou, décidément.

— Mon Dieu! mon Dieu! murmura Oliva.

— Il est fou, d'abord parce qu'il ment, n'est-ce pas ? dit Jeanne.

— Certes... balbutia Oliva.

— Vous n'eussiez pas, ma chère petite, voulu vous exposer à un danger aussi terrible, sans me le dire.

Oliva frisonna de la tête aux pieds.

— Quelle apparence, continua la terrible amie, que vous, qui aimez M. Beausire, et qui m'avez pour compagne; que vous, qui êtes courtisée par M. le comte de Cagliostro, et qui refusez ses soins, vous ayez été, par caprice, donner à ce fou le droit... de... dire?... Non, il a perdu la tête, je n'en démords pas.

— Enfin, s'écria Nicole, quel danger ? Voyons !

— Le voici. Nous avons affaire à un fou, c'est à dire à un homme qui ne craint rien et qui ne ménage rien. Tant qu'il ne s'agissait que d'une rose donnée, que d'une main baisée, rien à dire ; une reine a des roses dans son parc, elle a des mains à la disposition de tous ses sujets ; mais, s'il était vrai qu'à la troisième entrevue... Ah ! ma chère enfant, je ne ris plus depuis que j'ai cette idée là.

Oliva sentit ses dents se serrer de peur.

— Qu'arrivera-t-il donc, ma bonne amie? demanda-t-elle.

— Il arrivera d'abord, que vous n'êtes pas la reine, pas que je sache, du moins.

— Non.

— Et que, ayant usurpé la qualité de Sa Majesté pour commettre une.... légèreté de ce genre...

— Eh bien?

— Eh bien, cela s'appelle lèse-Majesté. On mène les gens bien loin avec ce mot là.

Oliva cacha son visage dans ses mains.

—Après tout, continua Jeanne, comme vous n'avez pas fait ce dont il se vante, vous en serez quitte pour le prouver. Les deux légèretés précédentes seront punies de deux à quatre années de prison, et du bannissement.

—Prison! bannissement! s'écria Oliva effarée.

— Ce n'est pas irréparable; mais moi je vais toujours prendre mes précautions et me mettre à l'abri.

— Vous seriez inquiétée aussi?

— Parbleu! Est-ce qu'il ne me dénoncera pas tout de suite, cet insensé? Ah! ma pauvre Oliva! c'est une mystification qui nous aura coûté cher.

Oliva se mit à fondre en larmes

— Et moi, moi, dit-elle, qui ne puis jamais rester un moment tranquille! Oh! esprit enragé! Oh! démon! Je suis possédée, voyez-vous. Après ce malheur, j'en irai encore chercher un autre.

— Ne vous désespérez pas, tâchez seulement d'éviter l'éclat.

— Oh! comme je vais me renfermer chez mon protecteur. Si j'allais tout lui avouer?

— Jolie idée! Un homme qui vous élève à la brochette, en vous dissimulant son amour; un homme qui n'attend qu'un mot de vous pour vous adorer, et auquel vous irez dire que vous avez commis cette imprudence avec un autre. Je dis imprudence, notez bien cela; sans compter ce qu'il soupçonnera.

— Mon Dieu! vous avez raison.

— Il y a plus : le bruit de cela va se répandre, la recherche des magistrats éveillera les scrupules de votre protecteur. Qui sait si, pour se mettre bien en cour, il ne vous livrera pas ?

— Oh!

— Admettons qu'il vous chasse purement et simplement, que deviendrez-vous?

— Je sais que suis perdue.

— Et M. Beausire, quand il apprendra cela, dit lentement Jeanne, en étudiant l'effet de ce dernier coup.

Oliva bondit. D'un coup violent elle démolit tout l'édifice de sa coiffure.

— Il me tuera. Oh! non, murmura-t-elle, je me tuerai moi-même.

Puis se tournant vers Jeanne.

— Vous ne pouvez pas me sauver, dit-elle avec désespoir, non, puisque vous êtes perdue vous-même.

— J'ai, répliqua Jeanne, au fond de la Picardie, un petit coin de terre, une ferme. Si l'on pouvait, sans être vue, gagner ce refuge avant l'éclat, peut-être resterait-il une chance ?

— Mais ce fou, il vous connaît, il vous trouvera toujours bien.

— Oh! vous partie, vous cachée, vous introuvable, je ne craindrais plus le fou. Je lui dirais tout haut : Vous êtes un insensé d'avancer de pareilles choses, prouvez-les : ce qui lui serait impossible ; et tout bas je lui dirais : Vous êtes un lâche !

— Je partirai quand et comme il vous plaira, dit Oliva.

— Je crois que c'est sage, répliqua Jeanne.

— Faut-il partir tout de suite ?

— Non, attendez que j'aie préparé toutes choses pour le succès. Cachez-vous, ne vous montrez pas, même à moi. Déguisez-vous même en regardant dans votre miroir.

— Oui, oui, comptez sur moi, chère amie.

— Et, pour commencer, rentrons; nous n'avons plus rien à nous dire.

— Rentrons. Combien vous faut-il de temps pour vos préparatifs.

— Je ne sais; mais faites attention à une chose : d'ici au jour de votre départ, je ne montrerai pas à ma fenêtre. Si vous m'y voyez, comptez que ce sera pour le jour même, et tenez-vous prête.

— Oui, merci, ma bonne amie.

Elles retournèrent lentement vers la

rue Saint-Claude, Oliva n'osant plus parler à Jeanne, Jeanne songeant trop profondément pour parler à Oliva.

En arrivant, elles s'embrassèrent ; Oliva demanda humblement pardon à son amie de tout ce qu'elle avait causé de malheurs avec son étourderie.

— Je suis femme, répliqua madame de La Mothe, en parodiant le poète latin, et toute faiblesse de femme m'est familière.

IV

La Fuite.

Ce qu'avait promis Oliva, elle le tint.

Ce qu'avait promis Jeanne, elle le fit.

Dès le lendemain, Nicole avait complètement dissimulé son existence à tout le monde, nul ne pouvait soupçonner qu'elle habitait la maison et la rue Saint-Claude.

Toujours abritée derrière un rideau ou derrière un paravent, toujours calfeutrant la fenêtre, en dépit des rayons de soleil qui venaient joyeusement y mordre.

Jeanne qui, de son côté, préparait tout, sachant que le lendemain devait amener l'échéance du premier paiement de cinq cent mille livres, Jeanne s'arrangeait de façon à ne laisser derrière elle aucun endroit sensible pour le moment où la bombe éclaterait.

Ce moment terrible était le dernier but de ses observations.

Elle avait calculé sagement l'alternative d'une fuite qui était facile, mais cette fuite c'était l'accusation la plus positive.

Rester, rester immobile comme le duelliste sous le coup de l'adversaire; rester avec la chance de tomber, mais aussi avec la chance de tuer son ennemi: telle fut la détermination de la comtesse.

Voilà pourquoi, dès le lendemain de son entrevue avec Oliva, elle se montra vers deux heures à sa fenêtre, pour indiquer à la fausse reine qu'il était temps de s'apprêter le soir à prendre du champ.

Dire la joie, dire la terreur d'Oliva, ce serait impossible. Nécessité de s'enfuir signifiait danger ; possibilité de fuir, signifiait salut.

Elle se mit à envoyer un baiser éloquent à Jeanne, puis fit ses préparatifs en mettant dans son petit paquet quelque peu des effets précieux de son protecteur.

Jeanne, après son signal, disparut de chez elle pour s'occuper de trouver le carrosse auquel on remettrait la chère destinée de mademoiselle Nicole.

Et puis ce fut tout, — tout ce que le plus curieux observateur eût pu démêler parmi les indices ordinairement significatifs de l'intelligence des deux amies.

Rideaux fermés, fenêtre close, lumière tardivement errante. Puis, on ne sait trop quels frôlements, quels bruits mystérieux, quels bouleversements auxquels succéda l'ombre avec le silence.

Onze heures du soir sonnaient à Saint-Paul, et le vent de la rivière amenait les coups lugubrement espacés jusqu'à la rue Saint-Claude, lorsque Jeanne arriva dans la rue Saint-Louis avec une chaise de poste attelée de trois vigoureux chevaux.

Sur le siége de cette chaise, un homme enveloppé dans un manteau indiquait l'adresse au postillon.

Jeanne tira cet homme par le bord de son manteau, le fit arrêter au coin de la rue du Roi doré.

L'homme vint parler à la maîtresse.

— Que la chaise reste ici, mon cher monsieur Réteaux, dit Jeanne, une demi-heure suffira. J'amènerai ici quelqu'un qui montera dans la voiture, et que vous ferez mener en payant doubles guides à ma petite maison d'Amiens.

— Oui, madame la comtesse.

— Là, vous remettrez cette personne à mon métayer Fontaine, qui sait ce qui lui reste à faire.

— Oui, Madame.

— J'oubliais...; vous êtes armé? mon cher Réteaux?

— Oui, Madame.

— Cette dame est menacée par un

fou... Peut-être voudra-t-on l'arrêter en chemin...

— Que ferai-je ?

— Vous ferez feu sur quiconque empêcherait votre marche.

— Oui, Madame.

— Vous m'avez demandé vingt louis de gratification pour ce que vous savez, j'en donnerai cent, et je paierai le voyage que vous allez faire à Londres, où vous m'attendrez avant trois mois.

— Oui, Madame.

— Voici les cent louis. Je ne vous verrai sans doute plus, car il est prudent pour vous de gagner Saint-Valery et de vous embarquer sur-le-champ pour l'Angleterre.

— Comptez sur moi.

— C'est pour vous.

— C'est pour nous, dit M. Réteaux en baisant la main de la comtesse. Ainsi, j'attends.

— Et moi, je vais vous expédier la dame.

Réteaux entra dans la chaise à la place

de Jeanne qui, d'un pied léger, gagna la rue Saint-Claude et monta chez elle.

Tout dormait dans cet innocent quartier. Jeanne elle-même alluma la bougie qui, levée au-dessus du balcon, devait être le signal pour Oliva de descendre.

— Elle est fille de précaution, se dit la comtesse en voyant la fenêtre sombre.

Jeanne leva et abaissa trois fois sa bougie.

Rien. Mais il lui sembla entendre comme un soupir ou un *oui*, lancé imperceptiblement dans l'air, sous les feuillages de la fenêtre.

Elle descendra sans avoir rien allumé, se dit Jeanne; ce n'est pas un mal.

Et elle descendit elle-même dans la rue.

La porte ne s'ouvrait pas. Oliva s'était sans doute embarrassée de quelques paquets lourds ou gênants.

— La sotte, dit la comtesse en maugréant; que de temps perdu pour des chiffons.

Rien ne venait. Jeanne alla jusqu'à la porte en face.

Rien. Elle écouta en collant son oreille aux clous de fer à large tête.

Un quart d'heure passa ainsi ; la demie de onze heures sonna.

Jeanne s'écarta jusqu'au boulevard pour voir de loin si les fenêtres s'éclaireraient.

Il lui sembla voir se promener une clarté douce dans le vide des feuilles sous les doubles rideaux.

— Que fait-elle ! mon Dieu, que fait-elle ! la petite misérable ! Elle n'a pas vu le signal, peut-être.

Allons! du courage, remontons. Et en effet, elle remonta chez elle pour faire jouer encore le télégraphe de ses bougies.

Aucun signe ne répondit aux siens.

— Il faut, se dit Jeanne en froissant ses manchettes avec rage, il faut que la drôlesse soit malade et ne puisse bouger. Oh! mais, qu'importe! vive ou morte, elle partira ce soir.

Elle descendit encore son escalier avec la précipitation d'une lionne poursuivie. Elle tenait en main la clé qui tant de fois avait procuré à Oliva la liberté nocturne.

Au moment de glisser cette clé dans la serrure de l'hôtel, elle s'arrêta.

— Si quelqu'un était là-haut, près d'elle? pensa la comtesse.

— Impossible, j'entendrai les voix, et il sera temps de redescendre. Si je rencontrais quelqu'un dans l'escalier... Oh!

Elle faillit reculer sur cette supposition périlleuse.

Le bruit du piétinement de ses chevaux sur le pavé sonore la décida.

— Sans péril, fit-elle, rien de grand! Avec de l'audace, jamais de péril!

Elle fit tourner le pène de la lourde serrure, et la porte s'ouvrit.

Jeanne connaissait les localités ; son intelligence les lui eût révélées lors même qu'en attendant Oliva chaque soir, elle ne s'en fût pas rendu compte. L'escalier étant à gauche, Jeanne se lança dans l'escalier.

Pas de bruit, pas de lumière, personne.

Elle arriva ainsi au palier de l'appartement de Nicole.

Là, sous la porte, on voyait la raie lumineuse ; là, derrière cette porte, on entendait le bruit d'un pas agité.

Jeanne haletante, mais étranglant son souffle, écouta. On ne causait pas. Oliva était donc bien seule, elle marchait, rangeait sans doute. Elle n'était donc pas malade, et il ne s'agissait que d'un retard.

Jeanne gratta doucement le bois de la porte.

— Oliva! Oliva! dit-elle; amie! petite amie!...

Le pas s'approcha sur le tapis.

— Ouvrez! ouvrez! dit précipitamment Jeanne.

La porte s'ouvrit, un déluge de lumière inonda Jeanne, qui se trouva en face d'un homme porteur d'un flambeau à trois branches. Elle poussa un cri terrible en se cachant le visage.

— Oliva! dit cet homme, est-ce que ce n'est pas vous?

Et il leva doucement la mante de la comtesse.

— Madame la comtesse de La Mothe, s'écria-t-il à son tour, avec un ton de surprise admirablement naturel.

— M. de Cagliostro! murmura Jeanne

chancelante et près de s'évanouir.

Parmi tous les dangers que Jeanne avait pu supposer, celui-là n'était jamais apparu à la comtesse. Il ne se présentait pas bien effrayant au premier abord, mais en réfléchissant un peu, en observant un peu l'air sombre et la profonde dissimulation de cet homme étrange, le danger devait paraître épouvantable.

Jeanne faillit perdre la tête, elle recula, elle eut envie de se précipiter du haut en bas de l'escalier.

Cagliostro lui tendit poliment la main, en l'invitant à s'asseoir.

— A quoi dois-je l'honneur de votre visite, Madame? dit-il d'une voix assurée.

— Monsieur... balbutia l'intrigante, qui ne pouvait détacher ses yeux de ceux du comte, je venais... je cherchais...

— Permettez, Madame, que je sonne pour faire châtier ceux de mes gens qui ont la maladresse, la grossièreté de laisser se présenter seule une femme de votre rang.

Jeanne trembla. Elle arrêta la main du comte.

— Il faut, continua celui-ci imperturbablement, que vous soyez tombée à ce drôle d'Allemand qui est mon suisse, et qui s'enivre. Il ne vous aura pas connue. Il aura ouvert sa porte sans rien dire, sans rien faire ; il aura dormi après avoir ouvert.

— Ne le grondez pas, Monsieur, articula plus librement Jeanne, qui ne soupçonna pas le piége, je vous en prie.

— C'est bien lui qui a ouvert, n'est-ce pas, Madame ?

— Je crois que oui... Mais vous m'avez promis de ne pas le gronder.

— Je tiendrai ma parole, dit le comte

en souriant. Seulement, Madame, veuillez vous expliquer maintenant.

Et une fois cette échappée donnée, Jeanne, qu'on ne soupçonnait plus d'avoir ouvert elle-même la porte, pouvait mentir sur l'objet de sa visite. Elle n'y manqua pas.

— Je venais, dit-elle fort vite, vous consulter, monsieur le comte, sur certains bruits qui courent.

— Quels bruits? Madame.

— Ne me pressez pas, je vous prie, dit-elle en minaudant; ma démarche est délicate...

— Cherche ! cherche ! pensait Cagliostro ; moi j'ai déjà trouvé.

— Vous êtes un ami de S. E. M. le cardinal de Rohan, dit Jeanne.

— Ah ! ah ! pas mal, pensa Cagliostro. Vas jusqu'au bout du fil que je tiens ; mais plus loin, je te le défends.

— Je suis en effet, Madame, assez bien avec Son Eminence, dit-il.

— Et je venais, continua Jeanne, me renseigner près de vous sur...

— Sur ? dit Cagliostro avec une nuance d'ironie.

— Je vous ai dit que ma position est délicate, Monsieur, n'en abusez pas. Vous ne devez pas ignorer que M. de Rohan me témoigne quelque affection, et je voudrais savoir, jusqu'à quel point je puis compter... Enfin, monsieur, vous lisez, dit-on, dans les plus épaisses ténèbres des esprits et des cœurs.

— Encore un peu de clarté, Madame, dit le comte, pour que je sache mieux lire dans les ténèbres de votre cœur et de votre esprit.

— Monsieur, on dit que Son Eminence aime ailleurs; que Son Eminence aime en haut lieu... On dit même...

Ici Cagliostro fixa sur Jeanne, qui faillit tomber renversée, un regard plein d'éclairs.

— Madame, dit-il, je lis en effet dans les ténèbres; mais, pour bien lire, j'ai besoin d'être aidé. Veuillez répondre aux questions que voici :

Comment êtes-vous venue me chercher ici? Ce n'est pas ici que je demeure.

Jeanne frémit.

— Comment êtes-vous entrée ici? car il n'y a ni suisse ivre, ni valets dans cette partie de l'hôtel.

Et si ce n'est pas moi que vous

veniez chercher qu'y cherchez-vous ?

Vous ne répondez pas? fit-il à la tremblante comtesse ; je vais donc aider votre intelligence.

— Vous êtes entrée avec une clé que je sens là dans votre poche; la voici.

— Vous veniez chercher ici une jeune femme que, par bonté pure, je cachais chez moi.

Jeanne chancela comme un arbre déraciné.

— Et... quand cela serait? dit-elle tout bas, quel crime aurais-je commis ? N'est-il pas permis à une femme de venir voir une femme? Appelez-la, elle vous dira si notre amitié n'est pas avouable...

— Madame, interrompit Cagliostro, vous me dites cela parce que vous savez bien qu'elle n'est plus ici.

— Qu'elle n'est plus ici!... s'écria Jeanne épouvantée. Oliva n'est plus ici?

— Oh! fit Cagliostro, vous ignorez peut-être qu'elle est partie, vous qui avez aidé à l'enlèvement?

— A l'enlèvement! moi! moi! s'écria Jeanne qui reprit espoir. On l'a enlevée et vous m'accusez?

— Je fais plus, je vous convaincs, dit Cagliostro.

— Prouvez! fit impudemment la comtesse.

Cagliostro prit un papier sur une table et le montra :

« Monsieur et généreux protecteur, disait le billet adressé à Cagliostro, pardonnez-moi de vous quitter ; mais avant tout j'aimais M. de Beausire ; il vient, il m'emmène, je le suis. Adieu. Recevez l'expression de ma reconnaissance. »

— Beausire!... dit Jeanne pétrifiée, Beausire... Lui qui ne savait pas l'adresse d'Oliva!

— Oh! que si fait, Madame, répliqua Cagliostro en lui montrant un second papier qu'il tira de sa poche; tenez, j'ai ramassé ce papier dans l'escalier en venant ici rendre ma visite quotidienne. Ce papier sera tombé des poches de M. Beausire.

La comtesse lut en frissonnant :

« M. de Beausire trouvera mademoiselle Oliva rue Saint-Claude, au coin du boulevard. Il la trouvera et l'emmènera sur-le-champ. C'est une amie bien sincère qui le lui conseille. Il est temps. »

— Oh! fit la comtesse en froissant le papier.

— Et il l'a emmenée, dit froidement Cagliostro.

— Mais qui a écrit ce billet? dit Jeanne.

— Vous, apparemment, vous l'amie sincère d'Oliva.

— Mais comment est-il entré ici? s'écria Jeanne, en regardant avec rage son impassible interlocuteur.

— Est-ce qu'on n'entre pas avec votre clé? dit Cagliostro à Jeanne.

— Mais puisque je l'ai, M. Beausire ne l'avait pas.

— Quand on a une clé, on peut en

avoir deux, répliqua Cagliostro en la regardant en face.

— Vous avez là des pièces convaincantes, répondit lentement la comtesse, tandis que moi je n'ai que des soupçons.

— Oh! j'en ai aussi, dit Cagliostro, et qui valent bien les vôtres, Madame.

En disant ces mots, il la congédia par un geste imperceptible.

Elle se mit à descendre; mais le long de cet escalier désert, sombre, qu'elle avait monté, elle trouva vingt bougies et vingt laquais espacés, devant lesquels

Cagliostro l'appela hautement et à dix reprises : madame la comtesse de La Mothe.

Elle sortit, soufflant la fureur et la vengeance, comme le basilic souffle le feu et le poison.

V

La Lettre et le Reçu.

Le lendemain de ce jour était le dernier délai du paiement fixé par la reine elle-même aux joailliers Bœhmer et Bossange.

Comme la missive de Sa Majesté leur recommandait la circonspection, ils attendirent que les cinq mille livres leur arrivassent.

Et comme chez tous les commerçants, si riches qu'ils soient, c'est une grave affaire qu'une rentrée de cinq cent mille livres, les associés préparèrent un reçu de la plus belle écriture de la maison.

Le reçu resta inutile; personne ne vint l'échanger contre les cinq cent mille livres.

La nuit se passa fort cruellement pour les joailliers dans l'attente d'un messager presque invraisemblable. Cependant la reine avait des idées extraordinaires;

elle avait besoin de se cacher ; son courrier n'arriverait peut-être qu'après minuit.

L'aube du lendemain détrompa Bœhmer et Bossange de leurs chimères. Bossange prit sa résolution et se rendit à Versailles dans un carrosse au fond duquel l'attendait son associé.

Il demanda d'être introduit auprès de la reine. On lui répondit que s'il n'avait pas de lettre d'audience, il n'entrerait pas.

Etonné, inquiet, il insista, et comme il savait son monde, et comme il avait eu le talent de placer çà et là dans les antichambres quelque petite pierre de rebut, on le protégea pour le mettre sur le passage de Sa Majesté lorsqu'elle reviendrait de se promener dans Trianon.

En effet, Marie-Antoinette toute frémissante encore de cette entrevue avec Charny, où elle s'était faite amante sans devenir maîtresse, Marie-Antoinette revenait le cœur plein de joie et l'esprit tout radieux, lorsqu'elle aperçut la figure un peu contrite et toute respectueuse de Bœhmer.

Elle lui fit un sourire qu'il interpréta de la façon la plus heureuse et il se hasarda à demander un moment d'audience que la reine lui promit pour deux heures, c'est-à-dire après son dîner. Il alla porter cette excellente nouvelle à Bossange qui attendait dans la voiture et qui, souffrant d'une fluxion, n'avait pas voulu montrer à la reine une figure disgracieuse.

— Nul doute, se dirent-ils, en commentant les moindres gestes, les moindres mots de Marie-Antoinette, nul doute que Sa Majesté n'ait en son tiroir la somme qu'elle n'aura pu avoir hier; elle a dit à deux heures, parce que à deux heures elle sera seule.

Et ils se demandèrent, comme les

compagnons de la fable, s'ils emporteraient la somme en billets, en or ou en argent.

Deux heures sonnèrent, le joaillier fut à son poste, on l'introduisit dans le boudoir de Sa Majesté.

— Qu'est-ce encore, Bœhmer, dit la reine du plus loin qu'elle l'aperçut, est-ce que vous voulez me parler bijoux ? vous avez du malheur, vous savez ?

Bœhmer crut que quelqu'un était caché, que la reine avait peur d'être entendue. Il prit donc un air d'intelligence pour répondre en regardant autour de lui :

— Oui, Madame.

— Que cherchez-vous là ? dit la reine surprise. Vous avez quelque secret, hein ?

Il ne répondit rien, un peu suffoqué qu'il était par cette dissimulation.

— Le même secret qu'autrefois ; un joyau à vendre, continua la reine, quelque pièce incomparable ? Oh ! ne vous effrayez pas ainsi : il n'y a personne pour nous entendre.

— Alors... murmura Bœhmer.

— Eh bien ! quoi ?...

— Alors, je puis dire à Sa Majesté....

— Mais dites vite, mon cher Bœhmer.

Le joaillier s'approcha avec un gracieux sourire.

— Je puis dire à Sa Majesté que la reine nous a oubliés hier, dit-il en montrant ses dents un peu jaunes, mais toutes bienveillantes.

— Oubliés ! en quoi ? fit la reine surprise.

— En ce que hier... était le terme...

— Le terme !... quel terme ?

— Oh ! mais, pardon, Votre Majesté, si je me permets... Je sais bien qu'il y a indiscrétion. Peut-être la reine n'est-elle pas préparée. Ce serait un grand malheur ; mais, enfin...

—Ah çà ! Bœhmer, s'écria la reine, je ne comprends pas un mot à tout ce que vous me dites. Expliquez-vous donc, mon cher.

—C'est que Votre Majesté a perdu la mémoire. C'est bien naturel, au milieu de tant de préoccupations.

— La mémoire de quoi ? encore un coup.

— C'était hier le premier paiement du collier, dit Bœhmer timidement.

— Vous avez donc vendu votre collier ? fit la reine.

— Mais... dit Bœhmer en la regardant avec stupéfaction, mais il me semble que oui.

— Et ceux à qui vous avez vendu ne vous ont pas payé, mon pauvre Bœhmer ; tant pis. Il faut que ces gens-là fassent comme j'ai fait ; il faut que, ne pouvant acheter le collier, ils vous le rendent en vous laissant les à-comptes.

— Plaît-il ?... balbutia le joaillier qui chancela comme le voyageur imprudent qui reçoit sur la tête un coup de soleil d'Espagne. Qu'est-ce que Votre Majesté me fait l'honneur de me dire ?

— Je dis, mon pauvre Bœhmer, que si dix acheteurs vous rendent votre collier comme je vous l'ai rendu en vous laissant deux cent mille livres de pot-de-vin, cela vous fera deux millions, plus le collier.

— Votre Majesté... s'écria Bœhmer

ruisselant de sueur, dit bien qu'elle m'a rendu le collier?

— Mais oui, je le dis, répliqua la reine tranquillement. Qu'avez-vous?

— Quoi! continua le joaillier. Votre Majesté nie m'avoir acheté le collier?

— Ah! çà mais quelle comédie jouons-nous, dit sévèrement la reine. Est-ce que ce maudit collier est destiné à faire toujours perdre la tête à quelqu'un.

— Mais, reprit Bœhmer, tremblant de tous ses membres, c'est qu'il me semblait avoir entendu de la bouche même de Votre Majesté... qu'elle m'avait *rendu*. Votre Majesté a dit rendu le collier de diamants.

La reine regarda Bœhmer en se croisant les bras.

— Heureusement, dit-elle, que j'ai là de quoi vous rafraîchir la mémoire, car vous êtes un homme bien oublieux, Monsieur Bœhmer, pour ne rien dire de plus désagréable.

Elle alla droit à son chiffonnier, en tira un papier qu'elle ouvrit, qu'elle parcourut et qu'elle tendit lentement au malheureux Bœhmer.

— Le style est assez clair, dit-elle, je suppose. Et elle s'assit, pour mieux regarder le joaillier pendant qu'il lisait.

Le visage de celui-ci exprima d'abord la plus complète incrédulité, puis, par degrés, l'effroi le plus terrible.

— Eh bien ! dit la reine, vous reconnaissez ce reçu qui atteste en si bonne forme que vous avez repris le collier ; et, à moins que vous n'ayez oublié aussi que vous vous appelez Bœhmer...

— Mais, Madame, s'écria Bœhmer étranglant de rage et de frayeur tout ensemble, ce n'est pas moi qui ai signé ce reçu-là.

La reine recula en foudroyant cet homme de ses deux yeux flamboyants.

— Vous niez ! dit-elle.

— Absolument... Dussé-je laisser ici ma liberté, ma vie, je n'ai jamais reçu le collier; je n'ai jamais signé ce reçu. Le billot serait ici, le bourreau serait là, que je répéterais encore; non, Votre Majesté, ce reçu n'est pas de moi.

— Alors, Monsieur, dit la reine en pâlissant légèrement, je vous ai donc volé, moi; j'ai donc votre collier, moi?

Bœhmer fouilla dans son portefeuille et en tira une lettre qu'il tendit à son tour à la reine..

— Je ne crois pas, Madame, dit-il d'une voix respectueuse, mais altérée par l'émotion, je ne crois pas que si Votre Majesté m'avait voulu rendre le collier, elle eût écrit la reconnaissance que voici.

— Mais, s'écria la reine, qu'est-ce que ce chiffon? Je n'ai jamais écrit cela, moi! Est-ce que c'est là mon écriture?

— C'est signé dit Bœhmer pulvérisé.

— *Marie-Antoinette de France...* Vous

êtes fou ! Est-ce que je suis de *France*, moi ? Est-ce que je ne suis pas archiduchesse d'Autriche ? Est-ce qu'il n'est pas absurde que j'aie écrit cela ! Allons donc, Monsieur Bœhmer, le piège est trop grossier ; allez-vous-en le dire à vos faussaires.

— A mes faussaires... balbutia le joaillier, qui faillit s'évanouir en entendant ces paroles. Votre Majesté me soupçonne, moi, Bœhmer ?

— Vous me soupçonnez bien ? moi, Marie-Antoinette, dit la reine avec hauteur.

— Mais cette lettre, objecta-t-il encore en désignant le papier qu'elle tenait toujours.

— Et ce reçu, répliqua-t-elle, en lui montrant le papier qu'il n'avait pas quitté.

Bœhmer fut obligé de s'appuyer sur un fauteuil; le parquet tourbillonnait sous lui. Il aspirait l'air à grands flots, et la couleur pourprée de l'apoplexie remplaçait la livide pâleur de la défaillance.

— Rendez-moi mon reçu, dit la reine, je le tiens pour bon, et reprenez votre lettre signée *Antoinette de France*, le premier procureur vous dira ce que cela vaut.

Et lui ayant jeté le billet, après avoir arraché le reçu de ses mains, elle tourna le dos et passa dans une pièce voisine, abandonnant à lui seul le malheureux qui n'avait plus une idée, et qui, contre toute étiquette, se laissa tomber dans un fauteuil.

Cependant, après quelques minutes qui servirent à le remettre, il s'élança, tout étourdi, de l'appartement, et vint retrouver Bossange, auquel il raconta l'aventure, de façon à se faire soupçonner fort par son associé.

Mais il répéta si bien et tant de fois son dire, que Bossange commença à arracher sa perruque, tandis que Bœhmer arrachait ses cheveux, ce qui fit, pour les gens qui passaient et dont le regard plongea dans la voiture, le spectacle le plus douloureux et le plus comique à la fois.

Cependant, comme on ne peut passer une journée entière dans un carrosse; comme, après s'être arraché cheveux où perruque on trouve le crâne, et que sous le crâne sont ou doivent être les idées, les deux joailliers trouvèrent celle de se réunir pour forcer, s'il était possible, la porte de la reine, et obtenir quelque chose qui ressemblât à une explication.

Ils s'acheminaient donc vers le château, dans un état à faire pitié, lorsqu'ils furent rencontrés par un des officiers de la reine qui les mandait l'un ou l'autre. Qu'on pense de leur joie et de leur empressement à obéir.

Ils furent introduits sans retard.

VI

Roi ne puis, prince ne daignes, Rohan je suis.

La reine paraissait attendre impatiemment ; aussi, dès qu'elle aperçut les joailliers :

— Ah ! voici M. Bossange, dit-elle vivement ; vous avez pris du renfort, Bœhmer, tant mieux.

Bœhmer n'avait rien à dire ; il pensait beaucoup. Ce qu'on a de mieux à faire en pareil cas, c'est de procéder par le geste ; Bœhmer se jeta aux pieds de Marie-Antoinette.

Le geste était expressif.

Bossange l'imita comme son associé.

— Messieurs, dit la reine, je suis calme à présent, et je ne m'irriterai plus. Il m'est venu d'ailleurs une idée qui modifie mes sentiments à votre égard. Nul doute qu'en cette affaire nous ne soyions, vous et moi, dupes de quelque petit mystère... qui n'est plus un mystère pour moi.

— Ah! madame! s'écria Bœhmer enthousiasmé par ces paroles de la reine, vous ne me soupçonnez donc plus... d'avoir fait... Oh! le vilain mot à prononcer que celui de faussaire !

— Il est aussi dur pour moi de l'entendre, je vous prie de le croire, que pour vous de le prononcer, dit la reine, je ne vous soupçonne plus, non.

— Votre Majesté soupçonne-t-elle quelqu'un alors ?

— Répondez à mes questions. Vous

dites que vous n'avez plus les diamants ?

— Nous ne les avons plus, répondirent ensemble les deux joailliers.

— Peu vous importe de savoir à qui je les avais remis pour vous, cela me regarde. Est-ce que vous n'avez pas vu... madame la comtesse de La Mothe ?

— Pardonnez, Madame, nous l'avons vue...

— Et elle ne vous a rien donné... de ma part ?

— Non, Madame, Madame la comtesse nous a dit seulement : Attendez.

— Mais cette lettre de moi, qui l'a remise ?

— Cette lettre ? répliqua Bœhmer ; celle que Votre Majesté a eue dans les mains, celle-ci, c'est un messager inconnu qui l'a apportée chez nous pendant la nuit.

Et il montrait la fausse lettre.

— Ah ! ah ! fit la reine ; bien ; vous voyez qu'elle ne vient pas directement de moi.

Elle sonna, un valet de pied parut...

— Qu'on fasse mander madame la

comtesse de La Mothe, dit tranquillement la reine.

— Et, continua-t-elle avec le même calme, vous n'avez vu personne, vous n'avez pas vu M. de Rohan?

— M. de Rohan, si fait, Madame, il est venu nous rendre visite et s'informer.....

— Très bien! répliqua la reine; n'allons pas plus loin; du moment que M. le cardinal de Rohan se trouve encore mêlé à cette affaire, vous auriez tort de vous désespérer. Je devine : Madame de La Mothe, en vous disant ce mot : *Attendez,* aura voulu... Non, je ne devine rien et ne veux rien deviner... Allez seulement trouver M. le cardinal, et lui racontez ce que vous venez de me dire ; ne perdez pas de temps, et ajoutez que je sais tout.

Les joailliers, ranimés par cette petite flamme d'espérance, échangèrent entr'eux un regard moins effrayé.

Bossange seul, qui voulait placer son mot, se hasarda bien bas à dire :

— Que, cependant, la reine avait entre les mains un faux reçu, et qu'un faux est un crime.

Marie-Antoinette fronça le sourcil.

— Il est vrai, dit-elle, que si vous n'avez pas reçu le collier, cet écrit constitue un faux. Mais pour constater le faux, il est indispensable que je vous confronte avec la personne que j'ai chargée de vous remettre les diamants.

— Quand Votre Majesté voudra, s'écria Bossange, nous ne craignons pas la lumière, nous autres honnêtes marchands.

— Alors, allez chercher la lumière auprès de M. le cardinal, lui seul peut nous éclairer dans tout ceci.

— Et Votre Majesté nous permettra de

lui rapporter la réponse ?demanda Bœhmer.

— Je serai instruite avant vous, dit la reine, c'est moi qui vous tirerai d'embarras. Allez.

Elle les congédia, et lorsqu'ils furent partis, se livrant à toute son inquiétude, elle envoya courrier sur courrier à madame de La Mothe.

Nous ne la suivrons pas dans ses recherches et dans ses soupçons, nous l'abandonnerons, au contraire, pour mieux courir avec les joailliers au-devant de cette vérité si désirée.

Le cardinal était chez lui, lisant avec une rage impossible à décrire une petite lettre que madame de La Mothe venait de lui envoyer, disait-elle, de Versailles. La lettre était dure, elle ôtait tout espoir au cardinal ; elle le sommait de ne plus songer à rien ; elle lui interdisait de reparaître familièrement à Versailles ; elle faisait un appel à sa loyauté, pour ne pas renouer des relations *devenues impossibles*.

En relisant ces mots, le prince bondissait ; il épelait les caractères un à un ; il semblait demander compte au papier des duretés dont le chargeait une main cruelle.

—Coquette, capricieuse, perfide, s'écriait-il dans son désespoir; oh! je me vengerai.

Il accumulait alors toutes les pauvretés qui soulagent les cœurs faibles dans leurs douleurs d'amour, mais qui ne les guérissent pas de l'amour lui-même.

—Voilà, disait-il, quatre lettres qu'elle m'écrit, toutes plus injustes, toutes plus tyranniques les unes que les autres. Elle m'a pris par caprice, moi! C'est une humiliation qu'à peine je lui pardonnerais, si elle ne me sacrifiait à un caprice nouveau.

Et le malheureux abusé relisait avec la ferveur de l'espoir toutes les lettres, étayées dans leur rigueur avec un arc de proportions impitoyable.

La dernière était un chef-d'œuvre de barbarie, le cœur du pauvre cardinal en était percé à jour, et cependant il aimait à un point tel que, par esprit de contradiction, il se délectait à lire, à relire ces froides duretés rapportées de Versailles, selon madame de La Mothe.

C'est à ce moment que les joailliers se présentèrent à son hôtel.

Il fut bien surpris de voir leur insistance à forcer la consigne. Il chassa trois fois son valet de chambre qui revint une quatrième fois à la charge, en disant que Bœhmer et Bossange avaient déclaré ne vouloir se retirer que s'ils y étaient contraints par la force.

— Que veut dire ceci? pensa le cardinal. Faites-les entrer.

Ils entrèrent. Leurs visages bouleversés témoignaient du rude combat qu'ils avaient eu à soutenir moralement et physiquement. S'ils étaient demeurés vainqueurs dans l'un de ces combats, les malheureux avaient été battus dans l'autre. Jamais cerveaux plus détraqués n'avaient été appelés à fonctionner devant un prince de l'Eglise.

— Et d'abord, cria le cardinal en les voyant, qu'est-ce que cette brutalité, messieurs les joailliers, est-ce qu'on vous doit quelque chose ici?

Le ton de ce début glaça de frayeur les deux associés.

— Est-ce que les scènes de là-bas vont recommencer? dit Bœhmer du coin de l'œil à son associé.

— Oh! non pas, non pas, répondit ce

dernier en assujétissant sa perruque par un mouvement très belliqueux, quant à moi, je suis décidé à tous les assauts.

Et il fit un pas presque menaçant, pendant que Bœhmer plus prudent restait en arrière.

Le cardinal les crut fous et le leur dit nettement.

— Monseigneur, fit le désespéré Bœhmer en hachant chaque syllable avec un soupir, justice! miséricorde! épargnez-nous la rage, et ne nous forcez pas à manquer de respect au plus grand, au plus illustre prince.

— Messieurs, ou vous n'êtes pas fous, et alors on vous jettera par les fenêtres, dit le cardinal, ou vous êtes fous, et alors on vous mettra tout simplement à la porte. Faites votre choix.

— Monseigneur, nous ne sommes pas fous, nous sommes volés !

— Qu'est-ce que cela me fait à moi, reprit M. de Rohan ; je ne suis pas lieutenant de police.

— Mais vous avez eu le collier entre les mains, Monseigneur, dit Bœhmer en sanglottant ; vous irez déposer en justice. Monseigneur, vous irez...

— J'ai eu le collier? dit le prince... C'est donc ce collier qui a été volé!

— Oui, Monseigneur.

— Eh bien! que dit la reine? s'écria le cardinal, en faisant un mouvement d'intérêt.

— La reine nous a envoyé à vous, Monseigneur.

— C'est bien aimable à Sa Majesté. Mais que puis-je faire à cela, mes pauvres gens?

— Vous pouvez tout, Monseigneur; vous pouvez dire ce qu'on en a fait.

— Moi ?

— Sans doute.

— Mon cher monsieur Bœhmer, vous pourriez me tenir un pareil langage si j'étais de la bande des voleurs qui ont pris le collier à la reine.

— Ce n'est pas à la reine que le collier a été pris.

— A qui donc ? mon Dieu !

— La reine nie l'avoir eu en sa possession.

— Comment elle nie ! fit le cardinal

avec hésitation ; puisque vous avez un reçu d'elle.

— La reine dit que le reçu est faux.

— Allons donc, s'écria le cardinal, vous perdez la tête, messieurs.

— Est-ce vrai, dit Bœhmer à Bossange qui répondit par un triple assentiment.

— La reine a nié, dit le cardinal parce qu'il y avait quelqu'un chez elle quand vous lui parlâtes.

— Personne, Monseigneur ; mais ce n'est pas tout.

— Quoi donc encore ?

— Non seulement la reine a nié, non seulement elle a prétendu que la reconnaissance est fausse; mais elle nous a montré un reçu de nous prouvant que nous avons repris le collier.

— Un reçu de vous, dit le cardinal. Et ce reçu ?

— Est faux, comme l'autre; monsieur le cardinal, vous le savez bien.

— Faux... Deux faux... Et vous dites que je le sais bien ?

—Assurément, puisque vous êtes venu pour nous confirmer dans ce que nous avait dit madame de La Mothe ; car vous, vous saviez bien que nous avions bien vendu le collier, et qu'il était aux mains de la reine.

— Voyons, voyons, dit le cardinal en passant une main sur son front, voici des choses bien graves, ce me semble. Entendons-nous un peu. Voici mes opérations avec vous.

— Oui, Monseigneur.

— D'abord; achat fait par moi pour le compte de Sa Majesté d'un collier sur lequel je vous ai payé deux cent cinquante mille livres.

— C'est vrai, Monseigneur.

—Ensuite vente souscrite directement par la reine, vous me l'avez dit, du moins, aux termes fixés par elle et sur la responsabilité de sa signature ?

— De sa signature... Vous dites que c'est la signature de la reine, n'est-ce pas, Monseigneur ?

— Montrez-la moi.

— La voici :

Les joailliers tirèrent la lettre de leur portefeuille. Le cardinal y jeta les yeux.

— Eh mais! s'écria-t-il, vous êtes des

enfants... *Marie-Antoinette de France...* Est-ce que la reine n'est pas une fille de la maison d'Autriche? Vous êtes volés : l'écriture et la signature, tout est faux !

Mais alors, s'écrièrent les joailliers au comble de l'exaspération, Madame de La Mothe doit connaître le faussaire et le voleur ?

La vérité de cette assertion frappa le cardinal.

— Appelons Madame de La Mothe, dit-il fort troublé.

Et il sonna comme avait fait la reine.

Ses gens s'élancèrent à la poursuite de Jeanne, dont le carrosse ne pouvait encore être très loin.

Cependant Bœhmer et Bossange se blotissant comme des lièvres au gîte, dans les promesses de la reine, répétaient :

— Où est le collier ? où est le collier ?

— Vous allez me faire devenir sourd, dit le cardinal avec humeur. Le sais-je, moi, où est votre collier ? Je l'ai remis moi-même à la reine, voilà tout ce que je sais.

— Le collier ! si nous n'avons pas l'argent; le collier! répétaient les deux marchands.

— Messieurs, cela ne me regarde pas, répéta le cardinal hors de lui, et prêt à jeter ses deux créanciers à la porte.

— Madame de La Mothe, Madame la comtesse, crièrent Bœhmer et Bossange, enroués à force de désespoir, c'est elle qui nous a perdus.

— Madame de La Mothe est d'une probité que je vous défends de suspecter, sous peine d'être roués dans mon hôtel.

— Enfin, il y a un coupable, dit Bœhmer d'un ton lamentable, ces deux faux ont été faits par quelqu'un ?

— Est-ce par moi? dit M. de Rohan avec hauteur.

— Monseigneur, nous ne voulons pas le dire, certes.

— Eh bien, alors ?

— Enfin, Monseigneur, une explication, au nom du ciel.

— Attendez que j'en aie une moi-même.

— Mais, Monseigneur, que répondre à

la reine, car Sa Majesté crie aussi bien haut contre nous ?

— Et que dit-elle ?

— Elle dit que c'est vous ou Madame de La Mothe qui avez le collier, non pas elle.

— Eh bien ! fit le cardinal, pâle de honte et de colère, allez dire à la reine que... Non, ne lui dites rien. Assez de scandale comme cela. Mais demain... demain, entendez-vous, j'officie à la chapelle de Versailles ; venez, vous me verrez m'approcher de la reine, lui parler. lui demander si elle n'a pas le collier en sa possession, et vous entendrez ce qu'elle répondra ; si, en face de moi, elle nie..., alors, Messieurs, je suis Rohan, je paierai !

Et sur ces mots prononcés avec une grandeur dont la simple prose ne peut donner une idée, le prince congédia les deux associés qui partirent à reculons en se touchant le coude.

— A demain donc, balbutia Bœhmer, n'est-ce pas, Monseigneur ?

— A demain, onze heures du matin, à la chapelle de Versailles, répondit le cardinal.

VII

Escrime et diplomatie.

Le lendemain entrait à Versailles, vers dix heures, une voiture aux armes de M. de Breteuil.

Ceux des lecteurs de ce livre qui se rappellent l'histoire de Balsamo et de Gilbert, n'auront pas oublié que M. de

Breteuil, rival et ennemi personnel de M. de Rohan, guettait depuis longtemps toutes les occasions de porter un coup mortel à son ennemi.

La diplomatie est en ceci d'autant supérieure à l'escrime, que, dans cette dernière science, une riposte bonne ou mauvaise doit être fournie en une seconde, tandis que les diplomates ont quinze ans, plus s'il faut, pour combiner le coup qu'ils rendent et le faire le plus mortel possible.

M. de Breteuil avait fait demander, une heure avant, audience au roi, et il trouva Sa Majesté qui s'habillait pour aller à la messe.

— Un temps superbe, dit Louis XVI tout joyeux, dès que le diplomate entra dans son cabinet; un vrai temps d'Assomption : voyez donc, il n'y a pas un nuage au ciel.

— Je suis bien désolé, Sire, d'apporter un nuage à votre tranquillité, répondit le ministre.

— Allons, s'écria le roi en refrognant sa bonne mine, voilà que la journée commence mal ; qu'y a-t-il ?

— Je suis bien embarrassé, Sire, pour vous conter cela, d'autant que ce n'est pas, au premier abord, une affaire du ressort de mon ministère. C'est une sorte de vol, et cela regarderait le lieutenant de police.

— Un vol! fit le roi. Vous êtes garde-des-Sceaux, et les voleurs finissent toujours par rencontrer la justice. Cela regarde M. le garde-des-sceaux; vous l'êtes, parlez.

— Eh bien! Sire, voici ce dont il s'agit. Votre Majesté a entendu parler d'un collier de diamants?

— Celui de M. Bœhmer.

— Oui, Sire.

— Celui que la reine a refusé ?

— Précisément.

— Refus qui m'a valu un beau vaisseau : le *Suffren*, dit le roi en se frottant les mains.

— Eh bien ! Sire, dit le baron de Breteuil, insensible à tout le mal qu'il allait faire, ce collier a été volé.

— Ah ! tant pis, tant pis, dit le roi. C'était cher ; mais les diamants sont reconnaissables. Les couper serait perdre le fruit du vol. On les laissera entiers, la police les retrouvera.

— Sire, interrompit le baron de Breteuil, ce n'est pas un vol ordinaire. Il s'y mêle des bruits.

— Des bruits ! que voulez-vous dire ?

— Sire, on prétend que la reine a gardé le collier.

— Comment, gardé ? C'est en ma présence qu'elle l'a refusé, sans même le vouloir regarder. Folies, absurdités, baron ; la reine n'a pas gardé le collier.

— Sire, je ne me suis pas servi du mot propre ; les calomnies sont toujours si aveugles à l'égard des souverains, que l'expression est trop blessante pour les oreilles royales. Le mot gardé...

— Ah çà, monsieur de Breteuil, dit le roi avec un sourire, on ne dit pas, je suppose, que la reine ait volé le collier de diamants.

— Sire, dit vivement M. de Breteuil, on dit que la reine a repris en dessous le marché rompu devant vous par elle; on dit, et ici je n'ai pas besoin de répéter à Votre Majesté combien mon respect et mon dévoûment méprisent ces infâmes suppositions; on dit donc que les joailliers ont, de Sa Majesté la reine, un reçu attestant qu'elle garde le collier.

Le roi pâlit.

— On dit cela? répéta-t-il, que ne dit-on pas? mais cela m'étonne, après tout, s'écria-t-il. La reine aurait acheté en dessous main le collier, que je ne la blâmerais point. La reine est une femme, le collier est une pièce rare et merveilleuse.

Dieu merci, la reine peut dépenser un million et demi à sa toilette, si elle l'a voulu. Je l'approuverai ; elle n'aura eu qu'un tort, celui de me taire son désir. Mais ce n'est pas au roi de se mêler dans cette affaire ; elle regarde le mari. Le mari grondera sa femme s'il veut, ou s'il peut : je ne reconnais à personne le droit d'intervenir, même avec une médisance.

Le baron s'inclina devant ces paroles si nobles et si vigoureuses du roi. Mais Louis XVI n'avait que l'apparence de la fermeté. Un moment après l'avoir manifestée, il redevenait flottant, inquiet.

— Et puis, dit-il, que parlez-vous de vol?... Vous avez dit vol, ce me semble?... S'il y avait vol, le collier ne serait point dans les mains de la reine. Soyons logiques.

—Votre Majesté m'a glacé avec sa colère, dit le baron, et je n'ai pu achever.

— Oh! ma colère!... Moi, en colère!... Pour cela, baron... baron...

Et le bon roi se mit à rire bruyamment.

—Tenez, continuez, et dites-moi tout ; dites-moi même que la reine a vendu le collier à des juifs. Pauvre femme, elle a souvent besoin d'argent, et je ne lui en donne pas toujours.

— Voilà précisément ce que j'allais avoir l'honneur de dire à Votre Majesté. La reine avait fait demander, il y a deux mois, cinq cent mille livres par M. de

Calonne, et Votre Majesté a refusé de signer.

— C'est vrai.

— Eh bien! Sire, cet argent, DIT-ON, devait servir à payer le premier quartier des échéances souscrites pour l'achat du collier. La reine n'ayant pas eu d'argent a refusé de payer.

— Eh bien ? dit le roi, intéressé peu à peu, comme il arrive quand au doute succède un commencement de vraisemblance.

—Eh bien, Sire, c'est ici que va commencer l'histoire que mon zèle m'ordonne de conter à Votre Majesté.

— Quoi ! vous dites que l'histoire commence ici ; qu'y a-t-il donc, mon Dieu ! s'écria le roi, trahissant ainsi sa perplexité aux yeux du baron, qui dès ce moment garda l'avantage.

— Sire, on dit que la reine s'est adressée à quelqu'un pour avoir de l'argent.

— A qui ? à un juif, n'est-ce pas ?

— Non, Sire, pas à un juif.

— Eh mon Dieu ! vous me dites cela d'un air étrange, Breteuil. Allons, bien ! je devine ; une intrigue étrangère : la reine a demandé de l'argent à son frère,. à sa famille. Il y a de l'Autriche là-dedans.

On sait combien le roi était susceptible à l'égard de la Cour de Vienne.

— Mieux vaudrait, répliqua M. de Breteuil.

— Comment! mieux vaudrait. Mais à qui donc la reine a-t-elle pu demander de l'argent?

— Sire, je n'ose...

— Vous me surprenez, monsieur, dit le roi en relevant la tête, et en reprenant le ton royal : Parlez sur-le-champ, s'il vous plaît, et nommez-moi ce prêteur d'argent.

— M. de Rohan, Sire.

— Eh bien ! mais vous ne rougissez pas de me citer M. de Rohan, l'homme le plus ruiné de ce royaume !

— Sire... dit M. de Breteuil en baissant les yeux.

— Voilà un air qui me déplaît, ajouta le roi ; et vous vous expliquerez tout à l'heure, monsieur le garde-des-sceaux.

— Non, Sire ; pour rien au monde, attendu que rien au monde ne me forcerait à laisser tomber de mes lèvres un mot compromettant pour l'honneur de mon roi et celui de ma souveraine.

Le roi fronça le sourcil.

— Nous descendons bien bas, monsieur de Breteuil, dit-il; ce rapport de police est tout imprégné des vapeurs de la sentine d'où il sort.

—Toute calomnie exhale des miasmes mortels, Sire, et voilà pourquoi il faut que les rois purifient, et par de grands moyens, s'ils ne veulent pas que leur honneur soit tué par ces poisons, même sur le trône.

— M. de Rohan, murmura le roi ; mais quelle vraisemblance ?.... Le cardinal laisse donc dire ?...

— Votre Majesté se convaincra, Sire, que M. de Rohan a été en pourparlers avec les joailliers Bœhmer et Bossange ; que l'affaire de la vente a été réglée par lui, qu'il a stipulé et pris des conditions de paiement.

— En vérité ! s'écria le roi tout troublé par la jalousie et la colère.

— C'est un fait que le plus simple interrogatoire prouvera. Je m'y engage envers Votre Majesté.

— Vous dites que vous vous y engagez?

— Sans réserve, sous ma responsabilité, Sire.

Le roi se mit à marcher vivement dans son cabinet.

— Voilà de terribles choses, répétait-il ; et oui, mais dans tout cela je ne vois pas encore ce vol.

— Sire, les joailliers ont un reçu signé, disent-ils, de la reine, et la reine doit avoir le collier.

— Ah! s'écria le roi, avec une explosion d'espoir; elle nie! vous voyez bien qu'elle nie! Breteuil.

— Eh! Sire, ai-je jamais laissé croire à Votre Majesté que je ne savais pas l'innocence de la reine? serais-je assez à plaindre pour que Votre Majesté ne vît pas tout le respect, tout l'amour qui sont dans mon cœur pour la plus pure des femmes!

— Vous n'accusez que M. de Rohan, alors...

— Mais, Sire, l'apparence conseille...

— Grave accusation, baron.

— Qui tombera peut-être devant une enquête ; mais l'enquête est indispensable. Songez donc, Sire, que la reine prétend n'avoir pas le collier ; que les joailliers prétendent l'avoir vendu à la reine ; que le collier ne se retrouve pas, et que le mot *vol* a été prononcé, dans le peuple, entre le nom de M. de Rohan et le nom sacré de la reine.

— Il est vrai, il est vrai, dit le roi tout bouleversé ; vous avez raison, Breteuil ; il faut que toute cette affaire soit éclaircie.

— Absolument, Sire.

— Mon Dieu, qu'est-ce qui passe là-bas dans la galerie? est-ce que ce n'est pas M. de Rohan qui se rend à la chapelle?

— Pas encore, Sire, M. de Rohan ne peut se rendre à la chapelle. Il n'est pas onze heures, et puis M. de Rohan, qui officie aujourd'hui, serait revêtu de ses habits pontificaux. Ce n'est pas lui qui passe. Votre Majesté dispose encore d'une demi-heure.

— Que faire alors? lui parler? le faire venir?

— Non, Sire; permettez-moi de donner un conseil à Votre Majesté; n'ébruitez pas l'affaire avant d'avoir causé avec Sa Majesté la reine.

— Oui, dit le roi, elle me dira la vérité.

— N'en doutons pas un seul instant, Sire.

— Voyons, baron, mettez-vous là, et, sans réserve, sans atténuation, dites-moi chaque fait, chaque commentaire.

— J'ai tout détaillé dans ce portefeuille, avec les preuves à l'appui.

— A la besogne alors, attendez que je fasse fermer la porte de mon cabinet ;

j'avais deux audiences ce matin, je les remettrai.

Le roi donna ses ordres, et, se rasseyant, jeta un dernier regard par la fenêtre.

— Cette fois, dit-il, c'est bien le cardinal, regardez.

Breteuil se leva, s'approcha de la fenêtre et derrière le rideau aperçut M. de Rohan qui en grand habit de cardinal et d'archevêque, se dirigeait vers l'appartement qui lui était désigné chaque fois qu'il venait officier solennellement à Versailles.

— Le voici enfin arrivé, s'écria le roi en se levant.

— Tant mieux, dit M. de Breteuil, l'explication ne souffrira aucun délai.

Et il se mit à renseigner le roi avec tout le zèle d'un homme qui en veut perdre un autre.

Un art infernal avait réuni dans son portefeuille tout ce qui pouvait accabler le cardinal. Le roi voyait bien s'entasser l'une sur l'autre les preuves de la culpabilité de M. de Rohan, mais il se désespérait de ne pas voir arriver assez vite les preuves de l'innocence de la reine.

Il souffrait impatiemment ce supplice depuis un quart d'heure, lorsque tout à coup des cris retentirent dans la galerie voisine.

Le roi prêta l'oreille, Breteuil interrompit sa lecture.

Un officier vint gratter à la porte du cabinet.

— Qu'y a-t-il? demanda le roi, dont tous les nerfs étaient mis en jeu depuis la révélation de M. de Breteuil.

L'officier se présenta.

— Sire, Sa Majesté la reine prie Votre

Majesté de vouloir bien passer chez elle.

— Il y a du nouveau, dit le roi en pâlissant.

— Peut-être, dit Breteuil.

— Je vais chez la reine, s'écria le roi. Attendez-nous ici, monsieur de Breteuil.

—Bien, nous touchons au dénoûment, murmura le garde-des-sceaux.

VIII

Gentilhomme, Cardinal et Reine.

A l'heure où M. de Breteuil était entré chez le roi, M. de Charny, pâle, agité, avait fait demander une audience à la reine.

Celle-ci s'habillait; elle vit par la fenêtre de son boudoir donnant sur la terrasse, Charny qui insistait pour être introduit.

Elle donna ordre qu'on le fît entrer, avant même qu'il eût achevé sa demande.

Car elle cédait au besoin de son cœur; car elle se disait avec une noble fierté, qu'un amour pur et immatériel comme le sien, a droit d'entrer à toute heure dans le palais même des reines.

Charny entra, toucha en tremblant la main que la reine lui tendait, et d'une voix étouffée :

— Ah! Madame, dit-il, quel malheur!

En effet, qu'avez-vous? s'écria-t-elle en pâlissant de voir son ami si pâle.

— Madame, savez-vous ce que je viens d'apprendre? savez-vous ce que l'on dit? savez-vous ce que le roi sait peut-être, ou ce qu'il saura demain?

Elle frissonna, songeant à cette nuit de chastes délices où peut-être un œil jaloux, ennemi, l'avait vue dans le parc de Versailles avec Charny.

— Dites tout, je suis forte, répondit-elle, en appuyant une main sur son cœur.

— On dit, Madame, que vous avez acheté un collier à Bœhmer et Bossange.

— Je l'ai rendu, fit-elle vivement.

— Ecoutez, on dit que vous avez feint de le rendre, que vous comptiez le pouvoir payer, que le roi vous en a empêchée en refusant de signer un bon de M. de Calonne ; qu'alors vous vous êtes adressée à quelqu'un pour trouver de l'argent, et que cette personne est.... votre amant.

— Vous ! s'écria la reine avec un mouvement de confiance sublime. Vous ! Monsieur ; et laissez dire ceux qui disent cela. Le titre d'amant n'est pas pour eux une injure aussi douce à lancer que le titre d'ami n'est une douce vérité consacrée désormais entre nous deux.

Charny s'arrêta confondu par cette éloquence mâle et féconde qui s'exhale de l'amour vrai, comme le parfum essentiel du cœur de toute généreuse femme.

Mais l'intervalle qu'il mit à répondre doubla l'inquiétude de la reine. Elle s'écria :

— De quoi voulez-vous parler, monsieur de Charny ? La calomnie a un langage que je ne comprends jamais. Est-ce que vous l'avez compris, vous ?

— Madame, veuillez me prêter une attention soutenue, la circonstance est grave. Hier je suis allé avec mon oncle, M. de Suffren, chez les joailliers de la cour, Bœhmer et Bossange, mon oncle a rapporté des diamants de l'Inde. Il voulait les faire estimer. On a parlé de tout et de tous. Les joailliers ont raconté à Monsieur le bailli une affreuse histoire commentée par les ennemis de Votre Majesté.—Madame, je suis au désespoir; vous avez acheté le collier, dites-le moi; vous ne l'avez pas payé, dites-le moi encore. Mais ne me laissez pas croire que M. de Rohan l'a payé pour vous.

— M. de Rohan! s'écria la reine.

— Oui, M. de Rohan, celui qui passe

pour l'amant de la reine; celui à qui la reine emprunte de l'argent; celui qu'un malheureux qu'on appelle M. de Charny a vu dans le parc de Versailles, souriant à la reine, s'agenouillant devant la reine, baisant les mains de la reine; celui...

— Monsieur, s'écria Marie-Antoinette, si vous croyez quand je ne suis plus là, c'est que vous ne m'aimez pas quand j'y suis.

— Oh! répliqua le jeune homme, il y a un danger pressant; je ne viens vous demander ni franchise ni courage, je viens vous supplier de me rendre un service.

— Et d'abord, dit la reine, quel danger, s'il vous plaît ?

— Le danger ! Madame, insensé qui ne le devine pas. Le cardinal répondant pour la reine, payant pour la reine, perd la reine. Je ne vous parle point ici du mortel déplaisir que peut causer à M. de Charny une confiance pareille à celle que vous inspire M. de Rohan. Non. De ces douleurs-là on meurt, mais on ne se plaint pas.

— Vous êtes fou ! dit Marie-Antoinette avec colère.

— Je ne suis pas fou, Madame, mais

vous êtes malheureuse, vous êtes perdue. Je vous ai vue, moi, dans le parc... Je vous l'avais bien dit... Je ne m'étais pas trompé, vous dis-je. Aujourd'hui a éclaté l'horrible, la mortelle vérité... M. de Rohan se vante peut-être...

La reine saisit le bras de Charny.

— Fou! fou! répéta-t-elle avec une inexprimable angoisse ; croyez la haine, croyez des ombres, croyez l'impossible ; mais, au nom du ciel! après ce que je vous ai dit, ne croyez pas que je sois coupable... Coupable! ce mot me ferait bondir dans un brasier ardent... Coupable... avec... Moi qui jamais n'ai pensé à vous sans prier Dieu de me pardonner cette seule pensée que j'appelais un crime ! Oh ! Monsieur de Charny, si vous ne voulez pas que je sois perdue aujourd'hui, morte demain, ne me dites jamais que vous me soupçonnez, ou bien fuyez si loin que vous n'entendiez pas même le bruit de ma chute au moment de ma mort.

Olivier tordait ses mains avec angoisse.

— Ecoutez-moi, dit-il, si vous voulez que je vous rende un service efficace.

— Un service de vous ! s'écria la reine, de vous, plus cruel que mes ennemis... car ils ne font que m'accuser, eux, tandis que vous me soupçonnez, vous ! Un service de la part de l'homme qui me méprise, jamais... Monsieur, jamais !...

Olivier se rapprocha et prit dans les siennes la main de la reine.

— Vous verrez bien, dit-il, que je ne suis pas un homme qui gémit et qui pleure ; les moments sont précieux ; ce soir serait trop tard pour faire ce qui nous reste à faire. Voulez-vous me sauver du désespoir en vous sauvant de l'opprobre ?...

— Monsieur !...

— Oh! je ne ménagerai plus mes paroles en face de la mort. Si vous ne m'écoutez pas, vous dis-je, ce soir tous deux nous serons morts, vous de honte, moi de vous avoir vue mourir. Droit à l'ennemi, Madame! comme dans nos batailles! Droit au danger! droit à la mort! Allons-y ensemble, moi comme l'obscur soldat, à mon rang, mais brave, vous le verrez; vous, avec la Majesté, avec la force, au plus fort de la mêlée. Si vous y succombez, eh bien! vous ne serez pas seule. Tenez, Madame, voyez en moi un frère... Vous avez besoin... d'argent pour... payer ce collier?...

— Moi?

— Ne le niez pas.

— Je vous dis...

— Ne dites pas que vous n'avez pas le collier.

— Je vous jure...

— Ne jurez pas si vous voulez que je vous aime encore.

— Olivier !

— Il vous reste un moyen de sauver à la fois votre honneur et mon amour. Le collier vaut seize cent mille livres, vous en avez payé deux cent cinquante mille. Voici un million et demi, prenez-le.

— Qu'est-cela ?

— Ne regardez pas, prenez et payez.

— Vos biens vendus! vos terres acquises par moi et soldées. Olivier! vous vous dépouillez pour moi! Vous êtes un bon et noble cœur, et je ne marchanderai plus les aveux à un pareil amour. Olivier, je vous aime!

— Acceptez.

— Non; mais je vous aime!

— M. de Rohan paiera donc? Songez-y, Madame, ce n'est plus de votre part une générosité, c'est de la cruauté qui m'accable. Vous acceptez du cardinal ?

— Moi, allons donc, monsieur de Charny. Je suis la reine, et si je donne à mes sujets amour ou fortune, je n'accepte jamais.

— Qu'allez-vous faire alors ?

— C'est vous qui allez me dicter ma conduite. Que dites-vous que pense M. de Rohan ?

— Il pense que vous êtes sa maîtresse.

— Vous êtes dur, Olivier....

— Je parle comme on parle en face de la mort.

— Que dites-vous que pensent les joailliers?

— Que la reine ne pouvant payer, M. de Rohan paiera pour elle.

— Que dites-vous qu'on pense dans le public au sujet du collier?

— Que vous l'avez, que vous l'avez caché, que vous l'avouerez seulement quand il aura été payé, soit par le cardinal, dans son amour pour vous, soit par le roi, dans sa peur du scandale.

— Bien; et vous Charny, à votre tour, je vous regarde en face et vous demande : Que pensez-vous des scènes que vous avez vues dans le parc de Versailles?

— Je crois, Madame, que vous avez besoin de me prouver votre innocence, répliqua énergiquement le digne gentilhomme.

La reine essuya la sueur qui coulait de son front.

— Le prince Louis, cardinal de Rohan, grand aumônier de France! cria une voix d'huissier dans le corridor.

— Lui! murmura Charny.

— Vous voilà servi à souhait, dit la reine.

— Vous allez le recevoir ?

— J'allais le faire appeler.

— Mais, moi...

— Entrez dans mon boudoir, et laissez la porte entrebâillée pour bien entendre.

— Madame!

— Allez vite, voici le cardinal.

Elle poussa M. de Charny dans la chambre qu'elle lui avait indiquée, tira la porte comme il convenait, et fit entrer le cardinal.

M. de Rohan parut au seuil de la

chambre. Il était resplendissant dans son costume d'officiant. Derrière lui se tenait à distance une suite nombreuse, dont les habits brillaient comme celui de leur maître.

Parmi ces gens inclinés, on pouvait apercevoir Bœhmer et Bossange, un peu embarrassés dans leurs vêtements de cérémonie.

La reine alla au devant du cardinal, en essayant d'un sourire qui expira bientôt sur ses lèvres.

Louis de Rohan était sérieux, triste même, Il avait le calme de l'homme courageux qui va combattre, la menace imperceptible du prêtre qui peut avoir à pardonner.

La reine lui montra un tabouret; le cardinal resta debout.

— Madame, dit-il, après s'être incliné en tremblant visiblement, j'avais plusieurs choses importantes à communiquer à Votre Majesté, qui prend à tâche d'éviter ma présence.

— Moi, fit la reine, mais je vous évite si peu, Monsieur le cardinal, que j'allais vous mander.

Le cardinal jeta un coup d'œil sur le boudoir.

— Suis-je seul avec Votre Majesté? dit-il à voix basse ; ai-je le droit de parler en toute liberté?

— En toute liberté, Monsieur le cardinal ; ne vous contraignez pas, nous sommes seuls.

Et sa voix ferme semblait vouloir envoyer ses paroles au gentilhomme caché dans cette chambre voisine. Elle jouissait avec orgueil de son courage et de l'assurance qu'allait avoir, dès les premiers mots, M. de Charny bien attentif sans doute.

Le cardinal prit son parti. Il approcha

le tabouret du fauteuil de la reine, de façon à se trouver le plus loin possible de la porte à deux battants.

— Voilà bien des préambules, dit la reine, affectant d'être enjouée.

— C'est que... dit le cardinal.

— C'est que?... répéta la reine.

— Le roi ne viendra pas? demanda M. de Rohan.

— N'ayez donc peur ni du roi ni de personne, répliqua vivement Marie-Antoinette.

— Oh! c'est de vous que j'ai peur, fit d'une voix émue le cardinal.

— Alors raison de plus, je ne suis pas bien redoutable; dites en peu de mots, dites à haute et intelligible voix, j'aime la franchise, et si vous me ménagez, je croirai que vous n'êtes pas un homme d'honneur. Oh! pas de gestes encore; on m'a dit que vous aviez des griefs contre moi. Parlez, j'aime la guerre, je suis d'un sang qui ne s'effraie pas, moi! Vous aussi, je le sais bien. Qu'avez-vous à me reprocher?

Le cardinal poussa un soupir et se leva comme pour aspirer plus largement l'air de la chambre. Enfin, maître de lui-même, il commença en ces termes :

IX

Explications.

Nous l'avons dit, la reine et le cardinal se trouvaient enfin face à face. Charny, dans le cabinet, pouvait entendre jusqu'à la moindre parole des interlocuteurs, et les explications si impatiemment attendues des deux parts allaient enfin avoir lieu.

— Madame, dit le cardinal en s'inclinant, vous savez ce qui se passe au sujet de notre collier!

— Non, Monsieur, je ne le sais pas, et je suis aise de l'apprendre de vous.

— Pourquoi Votre Majesté me réduit-elle depuis si longtemps à ne plus communiquer avec celle que par intermédiaire? Pourquoi, si elle a quelque sujet de me haïr, ne me le témoigne-t-elle pas en me l'expliquant?

— Je ne sais ce que vous voulez dire, monsieur le cardinal, et je n'ai aucun sujet de vous haïr; mais là n'est pas, je crois, l'objet de notre entretien. Veuillez donc me donner sur ce malheureux collier un renseignement positif, et d'abord où est madame de La Mothe?

— J'allais le demander à Votre Majesté.

— Pardon, mais si quelqu'un peut savoir où est madame de La Mothe, c'est vous, je pense.

— Moi, Madame, à quel titre.

— Oh! je ne suis pas ici pour recevoir vos confessions, monsieur le cardinal, j'ai eu besoin de parler à madame de La Mothe, je l'ai fait appeler, on l'a cherchée chez elle à dix reprises; — elle n'a rien répondu. — Cette disparition est étrange, vous m'avouerez.

— Et moi aussi, Madame, je m'étonne de cette disparition, car j'ai fait prier madame de La Mothe de me venir voir; elle n'a pas plus répondu à moi qu'à Votre Majesté.

— Alors, laissons là la comtesse, Monsieur, et parlons de nous.

— Oh! non, Madame, parlons d'elle tout d'abord, car certaines paroles de Votre Majesté m'ont jeté dans un douloureux soupçon, il me semble que Votre Majesté me reprochait des assiduités auprès de la comtesse.

— Je ne vous ai encore rien reproché du tout, Monsieur, mais patience.

—Oh! Madame, c'est qu'un pareil soupçon m'expliquerait toutes les susceptibilités de votre âme, et, alors, je comprendrais, tout en me désespérant, la rigueur jusque-là inexplicable dont vous avez usé vis-à-vis de moi.

— Voilà où nous cessons de nous comprendre, dit la reine; vous êtes d'une obscurité impénétrable, et ce n'est pas pour nous embrouiller davantage que je vous demande des explications. Au fait! au fait!

— Madame, s'écria le cardinal en joignant les mains et en se rapprochant de la reine, faites-moi la grâce de ne pas changer la conversation : deux mots de plus sur le sujet que nous traitions tout-à-l'heure, et nous nous fussions entendus.

— En vérité, Monsieur, vous parlez une langue que je ne sais pas ; reprenons le français, je vous prie. Où est ce collier que j'ai rendu aux joailliers ?

— Le collier que vous avez rendu ! s'écria M. de Rohan.

— Oui, qu'en avez-vous fait ?

— Moi ! mais je ne sais pas, Madame.

— Voyons, il y a une chose toute simple ; madame de La Mothe a pris ce collier, l'a rendu en mon nom ; les joailliers prétendent qu'ils ne l'ont pas repris. J'ai dans les mains un reçu qui prouve le contraire ; les joailliers disent que le reçu est faux. Madame de La Mothe pourrait d'un mot expliquer tout... Elle ne se trouve pas, eh bien ! laissez-moi mettre des suppositions à la place des faits obscurs : Madame de La Mothe a voulu rendre le collier. Vous, dont ce fut toujours la manie, bienveillante sans doute, de me faire acheter ce collier, vous qui me l'avez apporté avec l'offre de payer pour moi, offre...

— Que Votre Majesté a refusée bien durement, dit le cardinal avec un soupir.

— Eh bien! oui, vous avez persévéré dans cette idée fixe que je restasse en possession du collier, et vous ne l'aurez pas rendu aux joailliers pour me le faire reprendre dans une occasion quelconque. Madame de La Mothe a été faible, elle qui savait mes répugnances, l'impossibilité où j'étais de payer, la résolution immuable que j'avais prise de ne pas avoir ce collier sans argent; madame de La Mothe a conspiré avec vous par zèle pour moi, et aujourd'hui elle craint ma colère et ne se présente pas. — Est-ce cela? Ai-je reconstruit l'affaire au milieu des ténèbres, dites-moi, oui. Laissez-vous reprocher cette légèreté, cette désobéissance à mes ordres formels, vous en serez quitte pour une réprimande et tout sera fini. Je fais plus, je vous promets le pardon de madame de La Mothe, qu'elle sorte de sa pénitence. Mais, pour grâce, de la clarté, de la clarté, Monsieur, je ne veux pas en ce moment qu'il plane une ombre sur ma vie; je ne le veux pas, entendez-vous.

La reine avait prononcé ces paroles avec une telle vivacité, elle les avait accentuées si vigoureusement, que le cardinal n'avait ni osé, ni pu l'interrompre, mais aussitôt qu'elle eut cessé :

— Madame, dit-il en étouffant un soupir, je vais répondre à toutes vos suppositions. Non, je n'ai pas persévéré dans l'idée que vous deviez avoir le collier, attendu que j'étais assuré qu'il était en vos mains. Non, je n'ai en rien conspiré avec madame de La Mothe au sujet de ce collier. Non, je ne l'ai pas plus que les joailliers ne l'ont, que vous ne dites l'avoir vous-même.

— Il n'est pas possible, s'écria la reine avec stupeur ; vous n'avez pas le collier ?

— Non, Madame.

— Vous n'avez pas conseillé à madame de La Mothe de demeurer hors de tout ceci?

— Non, Madame.

— Ce n'est pas vous qui la cachez?

— Non, Madame.

— Vous ne savez pas ce qu'elle est devenue?

— Pas plus que vous, Madame.

— Mais alors comment vous expliquez-vous ce qui arrive?

— Madame, je suis forcé d'avouer que

je ne l'explique pas. Au surplus, ce n'est pas la première fois que je me plains à la reine de ne pas être compris par elle.

— Quand donc cela, Monsieur? je ne me le rappelle pas.

— Soyez bonne, Madame, dit le cardinal, et veuillez relire en idée mes lettres.

— Vos lettres! dit la reine surprise. Vous m'avez écrit, vous?

— Trop rarement, Madame, pour tout ce que j'avais dans le cœur.

La reine se leva.

— Il me semble, dit-elle, que nous nous trompons l'un et l'autre ; finissons vite cette plaisanterie. Que parlez-vous de lettres ? quelles lettres, et qu'avez-vous sur le cœur ou dans le cœur, je ne sais trop comment vous venez de dire cela ?

— Mon Dieu ! Madame, je me suis peut-être laissé aller à dire trop haut le secret de mon âme.

— Quel secret ! Etes-vous dans votre bon sens, monsieur le cardinal ?

— Madame !

— Oh ! ne tergiversons pas, vous parlez comme un homme qui veut me tendre un piège ou qui veut m'embarrasser devant des témoins.

— Je vous jure, Madame, que je n'ai rien dit... Y a-t-il vraiment quelqu'un qui écoute ?

— Non, Monsieur, mille fois non, il n'y a personne, expliquez-vous donc, mais complètement, et si vous jouissez de votre raison, prouvez-le.

— Oh ! Madame, pourquoi madame de La Mothe n'est-elle pas là ? Elle m'aiderait, elle, notre amie, à réveiller, sinon l'attachement, du moins la mémoire de Votre Majesté.

— *Notre* amie? mon attachement? ma mémoire? Je tombe des nues.

— Ah! Madame, je vous prie, dit le cardinal révolté par le ton aigre de la reine, épargnez-moi. Libre à vous de n'aimer plus, n'offensez pas.

— Ah! mon Dieu! s'écria la reine en pâlissant, ah! mon Dieu!... que dit cet homme?

— Très bien! continua M. de Rohan, qui s'animait à mesure que la colère montait en bouillonnant, très bien! Madame, je crois avoir été assez discret et assez réservé pour que vous ne me maltraitiez pas; je ne vous reproche, d'ailleurs, que des griefs frivoles. J'ai le tort de me répéter. J'eusse dû savoir que quand une reine a dit : je ne veux plus, c'est une loi aussi impérieuse que lorsqu'une femme a dit : je veux !

La reine poussa un cri farouche, et saisit le cardinal par sa manche de dentelles.

— Dites vite, Monsieur, dit-elle d'une voix tremblante. J'ai dit : *Je ne veux plus;* et j'avais dit : *Je veux.* A qui ai-je dit l'un, à qui ai-je dit l'autre ?

— Mais à moi, tous les deux.

— A vous?

— Oubliez que vous avez dit l'un, moi je n'oublie pas que vous avez dit l'autre.

— Vous êtes un misérable, monsieur de Rohan, vous êtes un menteur!

— Moi!

— Vous êtes un lâche, vous calomniez une femme.

— Moi!

— Vous êtes un traître; vous insultez la reine.

— Et vous, vous êtes une femme sans cœur ; une reine sans foi.

— Malheureux !

— Vous m'avez amené par degrés à prendre pour vous un fol amour. Vous m'avez laissé m'abreuver d'espérances.

— Des espérances ! Mon Dieu, suis-je une folle. Est-il un scélerat ?

— Est-ce moi qui aurais jamais osé vous demander les audiences nocturnes que vous m'accordâtes ?

La reine poussa un hurlement de rage

auquel répondit un long soupir dans le boudoir.

— Est-ce moi, poursuivit M. de Rohan, qui aurais osé venir seul dans le parc de Versailles, si vous ne m'eussiez envoyé madame de La Mothe?

— Mon Dieu!

— Est-ce moi qui aurais osé voler la clé qui ouvre cette porte de la Louveterie?

—Mon Dieu!

— Est-ce moi qui aurais osé vous demander d'apporter la rose que voici? Rose adorée! rose maudite! séchée! brûlée sous mes baisers!...

— Mon Dieu !

— Est-ce moi qui vous ai forcée de descendre le lendemain et de me donner vos deux mains, dont le parfum dévore incessamment mon cerveau et me rend fou. Vous avez raison de me le reprocher.

— Oh ! assez ! assez !

— Est-ce moi, enfin, qui dans mon plus furieux orgueil aurais jamais osé rêver cette troisième nuit au ciel blanc, aux doux silences, aux perfides amours.

— Monsieur ! Monsieur ! cria la reine, en reculant devant le cardinal, vous blasphêmez !

— Mon Dieu ! répliqua le cardinal en levant les yeux au ciel, tu sais si pour continuer à être aimé de cette femme trompeuse, j'eusse donné mes biens, ma liberté, ma vie !

— Monsieur de Rohan, si vous voulez conserver tout cela, vous allez dire ici même que vous cherchez à me perdre ; que vous avez inventé toutes ces horreurs ; que vous n'êtes pas venu à Versailles la nuit...

— J'y suis venu, répliqua noblement le cardinal.

— Vous êtes mort si vous soutenez ce langage.

— Rohan ne ment pas. J'y suis venu.

— Monsieur de Rohan, monsieur de Rohan, au nom du ciel, dites que vous ne m'avez pas vue dans le parc...

— Je mourrai s'il le faut, comme vous m'en menaciez tout-à-l'heure, mais je n'ai vu que vous dans le parc de Versailles, où me conduisait madame de La Mothe.

— Encore une fois s'écria la reine livide et tremblante, rétractez-vous !

— Non !

— Une seconde fois, dites que vous

avez tramé contre moi cette infamie ?

— Non !

— Une dernière fois, monsieur de Rohan, avouez-vous qu'on peut vous avoir trompé vous-même, que tout cela fut une calomnie, un rêve, l'impossible ! je ne sais quoi ; mais avouez-vous que je suis innocente, que je puis l'être ?

— Non !

La reine se redressa terrible et solennelle.

— Vous allez donc avoir affaire, dit-elle, à la justice du roi, puisque vous récusez la justice de Dieu.

Le cardinal s'inclina sans rien dire.

La reine sonna si violemment que plusieurs de ses femmes entrèrent à la fois.

— Qu'on prévienne Sa Majesté, dit-elle, en essuyant ses lèvres, que je la prie de me faire l'honneur de passer chez moi.

Un officier partit pour exécuter cet ordre. Le cardinal, décidé à tout, demeura intrépidement dans un coin de la chambre.

Marie-Antoinette alla dix fois vers la porte du boudoir sans y entrer, comme si chaque fois ayant perdu la raison, elle la retrouvait en face de cette porte.

Dix minutes ne s'étaient pas écoulées dans ce terrible jeu de scène, que le roi parut au seuil, la main dans son jabot de dentelles.

On voyait toujours, au plus profond du groupe, la mine effarée de Bœhmer et de Bossange, qui flairaient l'orage.

X

L'Arrestation.

A peine le roi parut-il au seuil du cabinet que la reine l'interpella avec une volubilité extraordinaire.

— Sire, dit-elle, voici M. le cardinal de Rohan qui dit des choses bien incroyables, veuillez donc le prier de vous les répéter.

A ces paroles inattendues, à cette apostrophe soudaine, le cardinal pâlit. En effet, la position était si étrange, que le prélat cessait de comprendre. Pouvait-il répéter à son roi, le prétendu amant, pouvait-il déclarer au mari, le sujet respectueux, tout ce qu'il croyait avoir de droits sur la reine et sur la femme?

Mais le roi se tournant vers le cardinal, absorbé dans ses réflexions :

— A propos d'un certain collier, n'est-ce pas Monsieur, dit-il, vous avez des choses incroyables à me dire, et moi des choses incroyables à entendre? Parlez donc, j'écoute.

M. de Rohan prit sur-le-champ son parti; des deux difficultés, il choisirait la moindre; des deux attaques, il subirait la plus honorable pour le roi et la reine; et si, imprudemment, on le jetait dans le second péril, eh bien! il en sortirait comme un brave homme et comme un chevalier.

— A propos du collier, oui, Sire, murmura-t-il.

— Mais, Monsieur, dit le roi, vous avez donc acheté le collier?

—Sire...

— Oui ou non ?

Le cardinal regarda la reine et ne répondit pas.

— Oui ou non? répéta-t-elle. La vérité, Monsieur, la vérité; on ne vous demande pas autre chose.

M. de Rohan détourna la tête et ne répliqua point.

— Puisque M. de Rohan ne veut pas répondre, répondez, vous, Madame, dit le roi, vous devez savoir quelque chose de tout cela. Avez-vous acheté, oui ou non, ce collier ?

— Non ! dit la reine avec force.

M. de Rohan tressaillit.

— Voici une parole de reine ! s'écria le roi avec solennité ; prenez-y garde, Monsieur le cardinal.

M. de Rohan laissa glisser sur ses lèvres un sourire de mépris.

— Vous ne dites rien ? fit le roi.

— De quoi m'accuse-t-on ? Sire.

— Les joailliers disent avoir vendu un collier, à vous ou à la reine. Ils montrent un reçu de Sa Majesté.

— Le reçu est faux ! dit la reine.

— Les joailliers, continua le roi, disent qu'à défaut de la reine ils sont garantis par des engagements que vous avez pris, Monsieur le cardinal.

— Je ne refuse pas de payer, Sire, dit M. de Rohan. Il faut bien que ce soit la vérité, puisque la reine le laisse dire.

Et un second regard, plus méprisant que le premier, termina sa phrase et sa pensée.

La reine frissonna. Ce mépris du cardinal n'était pas pour elle une insulte, puisqu'elle ne la méritait pas, mais ce devait être la vengeance d'un honnête homme, elle s'effraya.

— Monsieur le cardinal, reprit le roi, il ne reste pas moins dans cette affaire, un faux qui a compromis la signature de la reine de France.

— Un autre faux! s'écria la reine, et celui-là peut-il être imputé à un gentilhomme? C'est celui qui prétend que les joailliers ont repris le collier.

— Libre à la reine, dit M. de Rohan du même ton, de m'attribuer les deux faux, en avoir fait un en avoir fabriqué deux, où est la différence?

La reine faillit éclater d'indignation, le roi la retint d'un geste.

— Prenez garde, dit-il encore au cardinal, vous aggravez votre position, Monsieur. Je vous dis justifiez-vous, et vous avez l'air d'accuser.

Le cardinal réfléchit un moment; puis, comme s'il succombait sous le poids de cette mystérieuse calomnie qui étreignait son honneur :

— Me justifier, dit-il, impossible !

— Monsieur, il y a là des gens qui disent qu'un collier leur a été volé;

en proposant de le payer vous avouez que vous êtes coupable.

— Qui le croira ? dit le cardinal avec un superbe dédain.

— Alors, Monsieur, si vous ne supposez pas qu'on le croie, on croira donc...

Et un frissonnement de colère bouleversa le visage ordinairement si placide du roi.

— Sire, je ne sais rien de ce qui s'est dit, reprit le cardinal, je ne sais rien de ce qui s'est fait ; tout ce que je puis affirmer, c'est que je n'ai pas eu le collier ; tout ce que je puis affirmer, c'est que les diamants sont au pouvoir de quelqu'un qui devrait se nommer, qui ne le veut pas, et me force ainsi à lui dire cette parole de l'Écriture : Le mal retombe sur la tête de celui qui l'a commis.

A ces mots, la reine fit un mouvement pour prendre le bras du roi, qui lui dit :

— Le débat est entre vous et lui, Madame. Une dernière fois, avez-vous ce collier ?

— Non ! sur l'honneur de ma mère,

sur la vie de mon fils! répondit la reine.

Le roi, plein de joie après cette déclaration, se tourna vers le cardinal :

— Alors, c'est une affaire entre la justice et vous, Monsieur, dit-il; à moins que vous ne préfériez vous en rapporter à ma clémence.

— La clémence des rois est faite pour les coupables, Sire, répondit le cardinal; je lui préfère la justice des hommes.

— Vous ne voulez rien avouer?

— Je n'ai rien à dire.

— Mais enfin, Monsieur, s'écria la reine, votre silence laisse mon honneur en jeu!

Le cardinal se tut.

— Eh bien! moi, je ne me tairai pas, continua la reine; ce silence me brûle, il atteste une générosité dont je ne veux pas. Apprenez, Sire, que tout le crime de M. le cardinal n'est pas dans la vente ou dans le vol du collier.

M. de Rohan releva la tête et pâlit.

— Qu'est-ce à dire? fit le roi inquiet.

— Madame!... murmura le cardinal, épouvanté.

— Oh! nulle raison, nulle crainte, nulle faiblesse ne me fermera la bouche; j'ai là, dans mon cœur, des motifs qui me pousseraient à crier mon innocence sur une place publique.

— Votre innocence! dit le roi. Eh! Madame, qui serait assez téméraire ou assez lâche pour obliger Votre Majesté à prononcer ce mot!

— Je vous supplie, Madame, dit le cardinal.

— Ah! vous commencez à trembler. J'avais donc deviné juste; vos complots aiment l'ombre! à moi le grand jour,

Sire, sommez M. le cardinal de vous dire ce qu'il m'a dit tout à l'heure, ici, à cette place.

—Madame! Madame! fit M. de Rohan, prenez garde; vous passez les bornes.

—Plaît-il? fit le roi avec hauteur. Qui donc parle ainsi à la reine? Ce n'est pas moi, je suppose?

— Voilà justement, Sire, dit Marie-Antoinette. M. le cardinal parle ainsi à la reine, parce qu'il prétend en avoir le droit.

— Vous, Monsieur! murmura le roi devenu livide.

— Lui! s'écria la reine avec mépris, lui!

— M. le cardinal a des preuves? reprit le roi, en faisant un pas vers le prince.

— M. de Rohan a des lettres, à ce qu'il dit! fit la reine.

— Voyons, Monsieur! insista le roi.

— Ces lettres! cria la reine avec emportement, ces lettres!

Le cardinal passa la main sur son front glacé par la sueur et sembla demander à Dieu comment il avait pu former dans la créature tant d'audace et de perfidie. Mais il se tut.

— Oh! ce n'est pas tout, poursuivit la reine, qui s'animait peu à peu sous l'influence de sa générosité même, M. le cardinal a obtenu des rendez-vous.

— Madame! par pitié! fit le roi.

— Par pudeur! dit le cardinal.

— Enfin! Monsieur, reprit la reine, si vous n'êtes pas le dernier des hommes, si vous tenez quelque chose pour sacré en ce monde, vous avez des preuves, fournissez-les.

M. de Rohan releva lentement la tête et répliqua :

— Non ! Madame, je n'en ai pas.

— Vous n'ajouterez pas ce crime aux autres, continua la reine, vous n'entasserez pas sur moi opprobre après opprobre. Vous avez une aide, une complice, un témoin dans tout ceci, nommez-le, ou nommez-la.

— Qui donc? s'écria le roi.

— Madame de La Mothe, Sire fit la reine.

— Ah! dit le roi, triomphant de voir

enfin que ses préventions contre Jeanne se trouvaient justifiées ; allons donc ! Eh bien ! qu'on la voie, cette femme, qu'on l'interroge.

— Ah bien oui ! s'écria la reine, elle a disparu. Demandez à Monsieur ce qu'il en a fait. Il avait trop d'intérêt à ce qu'elle ne fût pas en cause.

— D'autres l'auront fait disparaître, répliqua le cardinal, qui avaient encore plus intérêt que moi. C'est ce qui fait qu'on ne la retrouvera point.

— Mais, Monsieur, puisque vous êtes innocent, dit la reine avec fureur, aidez-nous donc à trouver les coupables.

Mais le cardinal de Rohan, après avoir lancé un dernier regard, tourna le dos et croisa ses bras.

— Monsieur! dit le roi offensé, vous allez vous rendre à la Bastille.

Le cardinal s'inclina, puis d'un ton assuré :

— Ainsi vêtu ? dit-il, dans mes habits pontificaux? devant toute la cour! Veuillez y réfléchir, Sire, le scandale est immense. Il n'en sera que plus lourd pour la tête sur laquelle il retombera.

— Je le veux ainsi, fit le roi fort agité.

— C'est une douleur injuste que vous faites prématurément subir à un prélat, Sire, et la torture avant l'accusation, ce n'est pas légal.

— Il faut qu'il en soit ainsi, répondit le roi en ouvrant la porte de la chambre, pour chercher des yeux quelqu'un à qui transmettre son ordre.

M. de Breteuil était là, ses yeux dévorants avaient deviné dans l'exaltation de la reine, dans l'agitation du roi, dans l'attitude du cardinal la ruine d'un ennemi.

Le roi n'avait pas achevé de lui parler bas, que le garde-des-sceaux usurpant les fonctions du capitaine des gardes, cria d'une voix éclatante, qui retentit jusqu'au fond des galeries.

— Arrêtez M. le cardinal !

M. de Rohan tressaillit. Les murmures qu'il entendit sous les voûtes, l'agitation des courtisans, l'arrivée subite des gardes-du-corps, donnaient à cette scène un caractère de sinistre augure.

Le cardinal passa devant la reine sans

la saluer, ce qui fit bouillir le sang de la fière princesse. Il s'inclina très humblement en passant devant le roi, et prit, en passant près de M. de Breteuil, une expression de pitié si habilement nuancée, que le baron dut croire qu'il ne s'était pas assez vengé.

Un lieutenant des gardes s'approcha timidement et sembla demander au cardinal lui-même la confirmation de l'ordre qu'il venait d'entendre.

— Oui, Monsieur, lui dit M. de Rohan; oui, c'est bien moi qui suis arrêté.

— Vous conduirez Monsieur à son

appartement, en attendant ce que j'aurai décidé pendant la messe, dit le roi au milieu d'un silence de mort.

Le roi demeura seul chez la reine, portes ouvertes, tandis que le cardinal s'éloignait lentement par la galerie, précédé du lieutenant des gardes, le chapeau à la main.

— Madame, dit le roi haletant, parce qu'il s'était contenu à grand'peine, vous savez que cela aboutit à un jugement public, c'est-à-dire à un scandale, sous lequel tombera l'honneur des coupables?

— Merci! s'écria la reine en serrant

avec effusion les mains du roi, vous avez choisi le seul moyen de me justifier.

— Vous me remerciez !

— De toute mon âme. Vous avez agi en roi ! moi, en reine ! croyez-le-bien !

— C'est bien, repondit le roi, comblé d'une vive joie, nous aurons raison enfin de toutes ces bassesses. Quand le serpent aura été une fois pour toutes écrasé par vous et par moi, nous vivrons tranquilles, j'espère.

Il baisa la reine au front et rentra chéz lui.

Cependant, à l'extrémité de la galerie, M. de Rohan avait trouvé Bœhmer et Bossange à moitié évanouis dans les bras l'un de l'autre.

Puis, à quelque pas de là, le cardinal aperçut son coureur qui, effaré de ce désastre, guettait un regard de son maître.

— Monsieur, dit le cardinal à l'officier qui le guidait, en passant toute cette journée ici, je vais inquiéter bien du monde; est-ce que je ne puis annoncer chez moi que je suis arrêté?

— Oh! monseigneur, pourvu que nul ne vous voie, dit le jeune officier.

Le cardinal remercia; puis, adressant la parole en allemand à son coureur, il écrivit quelques mots sur une page de son missel, qu'il déchira.

Et derrière l'officier, qui guettait pour n'être pas surpris, le cardinal roula cette feuille et la laissa tomber.

— Je vous suis, Monsieur, dit-il à l'officier.

En effet, ils disparurent tous deux.

Le coureur fondit sur ce papier comme un vautour sur sa proie, s'élança hors du château, enfourcha son cheval et s'enfuit vers Paris.

Le cardinal put le voir aux champs, par une des fenêtres de l'escalier qu'il descendait avec son guide.

— Elle me perd, murmura-t-il ; je la sauve ! C'est pour vous, mon roi, que j'agis ; c'est pour vous, mon Dieu, qui commandez le pardon des injures ; c'est pour vous que je pardonne aux autres... Pardonnez-moi !

FIN DU NEUVIÈME VOLUME.

TABLE

Chap. I. La nuit	1
II. Le congé.	29
III. La jalousie du cardinal	57
IV. La fuite	103
V. La lettre et le reçu.	135
VI. Roi ne puis, prince ne daignes, Rohan je suis.	157
VII. Escrime et diplomatie.	184
VIII. Gentilhomme, Cardinal et Reine	211
IX. Explications.	235
X. L'arrestation.	261

OUVRAGES D'ALEXANDRE DUMAS.

En Vente :

Louis XV (*inédit*)	5 vol.
Les Mariages du Père Olifus	5 vol.
La Régence (*inédit et terminé*)	2 vol.
Le Véloce (*inédit*)	2 vol.
Les Mille et un Fantômes (*terminé*)	2 vol.
La Comtesse de Salisbury (*inédit*)	6 vol.
Le Collier de la Reine	11 vol.
Mémoires d'un Médecin	20 vol.
Les Quarante-Cinq	10 vol.
Les deux Diane (*inédit*)	10 vol.
Le Bâtard de Mauléon	9 vol.
Le Chevalier de Maison-Rouge	6 vol.
La Fille du Régent	4 vol.
Louis XIV et son Siècle	9 vol.

Sous Presse :

Le Château de Blois.
Ange Pitou.
Louis XVI et la Révolution.

ALEXANDRE DUMAS FILS.

EN VENTE :

Tristan le Roux	3 vol.
La Dame aux Camélias	2 vol.
Le Roman d'une Femme	4 vol.
Le docteur Servans	2 vol.
Césarine	1 vol.
Aventures de quatre Femmes	6 vol.

SOUS PRESSE :

Les Amours véritables	4 vol.
Diane de Lys	2 vol.

IMPRIMERIE DE E. DÉPÉE, (SCEAUX (SEINE).